上念　司

経済で読み解く

豊臣秀吉

東アジアの貿易メカニズムを「貨幣制度」から検証する

KKベストセラーズ

はじめに　～秀吉の時代から「グローバル経済」は始まっていた！

　中世の寺社勢力は、支那大陸から銅銭を輸入する事実上の「中央銀行」であり、勝手に関所を作って物流を握る「経済マフィア」であり、ほぼ治外法権に近い荘園と寺《じ》内町《ないまち》を運営する「封建領主」でもありました。

　織田信長が寺社勢力と対立し、時には戦争に及んだ理由は、この経済における〝特権〟を奪うためです。この特権こそが、中世的な世界を形作っていた「岩盤規制」でした。信長のおかげで、経済活動の主導権の大部分は、寺社から武家、および一般庶民に移りました。

　しかし、その仕事が完成する直前に「本能寺の変」が起こってしまったのです。残念ながら、信長の仕事は中途半端な形で終わらざるを得ませんでした……。

　未完となった信長の仕事を引き継いだのが、豊臣秀吉です。時は十六世紀後半、世界経済に大きな転換が訪れた時期でもありました。その最大の原因は「貨幣制度の混乱」です。日本が渡来銭《とらいせん》（銅銭）を受け入れて早500年、盤石に見えたその制度には大きな欠陥がありました。

その欠陥とは…「銅」の枯渇‼

日本でも支那でも貨幣経済が発達しすぎて銅銭の絶対量が足らなくなってしまったのです。

特に、本能寺の変があった1580年代はまさにその混乱がピークに達していました。その理由は、当時、支那大陸を支配していた明朝の「貨幣制度の変化」です。

そして、その変化の原因を作ったのは、なんと日本だったのです。日本が起こした支那大陸における貨幣制度の揺らぎが、まわりまわって日本に帰ってくる⁉　まるで、「ニューヨーク市場で株価が暴落すると、翌日に東京の株価も暴落する」といった具合です。

世界遺産に認定された石見《いわみ》銀山こそが、支那の貨幣制度、そして世界全体の経済の仕組みを変えた原因でした。銅銭から銀貨へのシフトによって、支那経済は爆発的に成長します。貨幣制度が変わるだけで、なぜそんなことが？　その秘密は、現代の経済学の理論によって簡単に説明可能です。

支那の手工業製品の生産は増大し、ポルトガルやスペインとの貿易を通じて、「メイド・イン・チャイナ」が世界を席巻《せっけん》しました。支那の絹製品によって、ヨーロッパの絹織物業者が失業する。これぞまさにグローバリズム！　もうこの時代から始まっていたのです。しかも、その原因を作ったのが日本だったとは……。

銀の主要な輸出国であり、東アジア最大の軍事大国であった日本は、世界経済と国際政治にいったいどんな影響を与えたのか？

そして、その影響は、日本にどう返ってきたのか？

秀吉は世界とどう向き合い、どう戦ったのか？

歴史教科書に書かれていないミッシングリンクに経済学の物差しを当ててみると、意外なことがわかりました！

面白そうだなと思った人は、ぜひ最後までお読みください。

その前に、本書をレジまでお運びいただき、お会計をお願いいたします。

上念 司

経済で読み解く豊臣秀吉◎目次

東アジアの貿易メカニズムを「貨幣制度」から検証する

第一部　「貨幣制度」が歴史を作る

第1章　「悪貨」が「良貨」を駆逐する？

※本書の引用部分につきまして、原文の記述を損なわない範囲で一部要約した箇所があります。
また、旧仮名遣い及び旧漢字も新仮名遣い及び新漢字に変更した箇所があります。

※敬称につきまして、一部省略いたしました。役職は当時のものです。

※本書では文脈に応じて、「支那」の用語を使っています。

※本書では、「インフレーション」を「インフレ」、「デフレーション」を「デフレ」と表記しています。

序章　信長と秀吉

安土幕府と鞆幕府

織田信長は将軍足利義昭《あしかがよしあき》の求めに応じ、1568年に上洛します。当時、京都に居座って義昭の言うことを聞かなかった三好《みよし》三人衆は信長の軍勢と戦いますが、鎧袖《がいしゅう》一触《いっしょく》で京都から叩き出されてしまいました。

そして、信長は義昭を京都に呼び戻して室町幕府の権威を復活させました。このとき信長は、あくまで義昭を支えて「天下静謐《てんかせいひつ》」をお手伝いする有力大名という立ち位置にいました。

ところがしばらくすると、信長と義昭との対立が表面化します。そしてその対立は、やがて軍事的な衝突へと発展しました。1573年、義昭は京都の槇島城《まきしまじょう》に立て籠り、信長に反旗を翻《ひるがえ》します。この抵抗は信長にとって、義昭を京都から追い出すいい口実でした。

槇島城に立て籠った義昭でしたが、信長の圧倒的な力の前に城はすぐに陥落。義昭は京都から追放されます。歴史の授業では、1573年のこの追放劇をもって「室町幕府滅亡」と教えています。

しかし京都を追放された義昭は、まったく実力が伴わないにもかかわらず「武家の棟梁《とうりょう》」を名乗り続けました。これは前作『経済で読み解く織田信長』（KKベストセラーズ）ではあえて取り上げなかった問題です。

実は、室町幕府滅亡以降しばらくの間、信長と義昭という名目上二人の「武家の棟梁」がいるという状態が続いたのです。義昭が最後に落ち着いた場所が鞆《とも》の浦《うら》（備後《びんごの》国《くに》／現・広島県）だったので、便宜上、京都追放後の義昭方を「鞆幕府」、信長方を「安土《あづち》幕府」と呼びます。

義昭は京都から追放されても、へこたれる様子はありません。なぜなら、室町幕府の権力闘争においては、権力者が京都から放逐され、しばらく経ってから捲土重来《けんどちょうらい》することはよくあったからです。

そもそも、初代の足利尊氏《たかうじ》がそうですし、義昭の父の義晴《よしはる》と兄の義輝《よしてる》は近江に亡命していました。管領の細川政元に追放された十代将軍足利義材《よしき》（義稙《よしたね》）は、周防《すおう》の大《おお》内義興《うちよしおき》の支援を受けて13年後に上洛、将軍に再任されるということもありました。

ちなみに、義材の将軍就任によって追放された管領の細川澄元《ほそかわすみもと》も、秘密裏に播磨《はりま》から阿波に逃れ、再び反撃に転じています。

そう考えると、義昭としては自分が負けたという認識はなかったでしょう。むしろ、自分が本当の「武家の棟梁」であり、「信長は偽物だ」と思っていたかもしれません。そして、「いつか信長の支配地域外の大名の力を糾合《きゅうごう》して、自分が上洛する」――、そういう壮大な絵を描いていた……。

実際に、義昭は「信長討伐」に向けて挙兵するよう全国の大名に手紙を出しまくっていました。義昭の手紙は、信長と切っても切れない同盟者であった徳川家康にまで届いていたといいますから、文字通り、それは手あたり次第だったようです。

しかし、残念ながらその手紙の内容はかなりイマイチだったようです。例えば、すでに武田信玄が死去しているにもかかわらず、その事実を知らずに「信玄も協力してくれる」と書いてしまうという痛恨のミスも犯しています。毛利氏はその書状を見て頭を抱えたといいます。

「反信長同盟」を夢想する将軍・義昭

足利義昭は多数の幕臣を引き連れていますから、形式的には幕府の体《てい》をなんとか取り繕《つくろ》ってはいるものの、信長の安土幕府に対抗する力があったかどうかは疑問です。

前述の通り、京都を追放された義昭は全国の大名に手あたり次第に手紙を書いて「反信長同盟」の結成と決起を促しました。

その努力は武田勝頼の出撃や本願寺の石山戦争に結実したと見る向きもありますが、私はその見方には反対です。少なくとも本願寺は自身の利害のために戦ったのであり、義昭の手紙は単なる口実に過ぎません。

なぜなら、信長（そして豊臣秀吉）によって進められた〝改革〟は、本願寺の商業上の既得権を揺るがすものであったからです。本願寺は義昭に言われたから信長と戦ったのではなく、現実として受け入れがたい改革を進める信長に反発したと見るべきでしょう。

メンタルの強さが自慢の義昭ですが、精力的な手紙攻勢は1574年4月を最後にパタリと止まってしまいました。このとき、義昭がいた場所は由良興国寺（現在の和歌山県日高郡）です。

義昭の手紙が復活するのは約2年後、毛利氏を頼って鞆の浦に落ち着いてからとなります。この大きなブランクはいったい何だったのでしょう。

水野嶺氏の研究（2013年）によると、京都から追放されて鞆の浦に落ち延びるまでの2年7か月の間、義昭による栄典授与がまったく行われていませんでした。

仮に、鞆幕府が安土幕府の支配地域以外、つまり、日本の約半分を支配する政治権力であるなら、これほど長期間の機能停止はあり得ないことです。私はこの空白の2年7か月をもって、「義昭の政治的な力は、実質的には取るに足らないものになった」と考えます。

逆に、信長はこの間、本物の「武家の棟梁」へと登りつめていきます。例えば、常陸《ひたち》佐竹氏・下野《しもつけ》佐野氏・津軽《つがる》安藤氏・豊後《ぶんご》大友氏に対して官位叙任《じょにん》を行ったり、大友氏や徳川氏に知行《ちぎょう》をあてがったりしました。

軍事面では当面の脅威だった武田氏を1575年の「長篠の戦い」で打ち破り、「一向一揆」の本拠地である加賀を平定して本願寺の勢力を大いにそぎ落としました。また、朝廷からも「従三位大納言《じゅうさんみだいなごん》」「右近衛大将《うこんえのだいしょう》」に叙任されています。

まさに飛ぶ鳥を落とす勢いです。実力の差を見せつけられて、義昭のメンタルもここで折れてしまったのかもしれません。

義昭の悪あがき

そもそも、信長の飛躍の発端となった出来事は、やはり「義昭の追放」（1573年）をおいてほかにありません。もしくは、遅くとも「長篠の戦い」に勝利した1575

年をもって、信長は「武家の棟梁」になったと認定していいでしょう。

ちなみに、信長が安土城の建設を命じるのは１５７６年です。以降3年かけて城は完成し、本拠地は岐阜城から安土城へと移されました。あとは全国に残った抵抗勢力を平らげるだけです。同じ年に義昭が鞆の浦で復活したところで、信長には何の影響もありませんでした。

義昭は毛利氏という後ろ盾を得て失意の淵から復活し、「将軍通信」を再開させることで再び上洛を目指したようです。無駄な努力を……。信長はそんな義昭など無視して、毛利氏と頭越しに外交交渉をしています。また、義昭が操っているつもりの本願寺に対しても、義昭の動きとは無関係に信長は武力行使や講和などを繰り返しました。

義昭は自分を大きく見せようと、黒幕プレイをしていただけではないでしょうか。自身の利害で戦っている毛利氏や本願寺の動きに呼応しているのは、むしろ義昭のほうです。

義昭はいわば「政治評論家になった落選中の国会議員」みたいなものでした。そんな落選議員が一生懸命メルマガでデモへの参加を呼びかけてみたところで、大した影響力はありません。

義昭を利用する人はいても、彼を権力の座に戻し、実権を与えようとする人は皆無です。

メルマガを読む人は少なく、デモは閑古鳥《かんこどり》。仕方がないので、義昭は他の団体がやっているデモなのに、自分が呼び掛けてやったかのようにプレイしてみせた――。義昭のやっていたことはおそらくそんな感じではないでしょうか。それがまた、義昭の小物ぶりをよく表しています。

日本の「天道思想」

実は、信長はそのことをとっくに見抜いていたようです。だからこそ、「槇島城の戦い」で敗れた義昭を殺さずに逃がしました。歴史家の谷口克広氏は次のように指摘しています。

信長がこれほど執拗に逆らった義昭を殺さなかったのは、ひとえに「外聞《がいぶん》」に気を遣ったためである。「天下」の支配を目標とする信長にとって、「外聞」を無視することにより「天下の執り沙汰」を悪化させてしまうことは、是非とも避けなければならないことなのである。

自分の寛大さをうったえる一方、追放する義昭については、「人の褒貶《ほうへん》に乗せ申さるべき由（人々の評価に任せることにする）」と突き放している。信長の心の中には、義昭はもう世間から見放された人物という、一種の安心感があったのではなかろうか。ここで命まで取ったなら、かえって世論は信長を非難するだろう、しかし、追放ならば、義昭に同情する声は起こるまい。


（出典：『信長と将軍義昭』谷口克広／中公新書）


天下を取る者は「外道《げどう》」になってはいけない。「外道」とは「天の道（天道）」を踏み外した行為であり、それはいずれ天から罰を受ける。これが日本に古くから伝わる「天道思想」です。

義昭は弱く、大した影響力もありません。信長にとっては脅威ではなかった。それをわざわざ殺したりするのは天の道に反する――。そう考えたのかもしれません。歴史学者で東洋大学教授の神田千里氏は次のように述べています。

すでに『日本書紀』に「政治の論理が『天道』に適う時には『天瑞』（天からの徴）

がある」（天武天皇十二年正月乙未条）とあり、平安時代に成立した説話集『今昔物語集』にも「祖《おや》の敵を討つをば天道許し給う事にはあらずや」（巻第二五、四「平維茂郎等被殺語」）と見え、中国文化に触れた公家たちの間には受容されていたと思われる。南北朝期から江戸初期にかけては流行語として一般に受容されていった。

（出典：『宗教で読む戦国時代』神田千里／講談社選書メチエ）

「約束を守る」「モノを盗まない」「人を殺さない」、特に「信じている神様が違うからといって人を殺さない」。もし、この道に背いたならば、その人にはいずれ天罰が下る――。こういう考え方が、天道思想なのです。

そして、天罰というのは時として、天に代わって人が下す場合もあります。天道を体現する権力者が外道、非道を成敗する。義昭はすでに人々の信頼を失って天罰を受けていたので、「わざわざ成敗する必要もナシ」といったところでしょうか。

もちろん、信長は相手が強大で、放っておくと非道が行われかねないのであれば、容赦なく成敗しました。これこそが、信長と秀吉の政策を読み解くひとつのカギになります。特に、秀吉の「伴天連《バテレン》追放令」と「征明嚮導《せいみんきょうどう》」（朝鮮出兵）にこの思想は深くかかわっていたことは後述します。

信長は何と戦ったのか

信長は商人や伴天連などから情報を得て、国際情勢の変化をひしひしと感じていました。「国内がいつまでも小さい国に分かれて争いを続ければ、きっとその隙を突いて外国勢力が侵入してくる。だから一刻も早く天下を統一し、日本の守りを固めなければならない……」と思っていたことでしょう。

三重大学教授で歴史学者の藤田達生氏は次のように述べています。

信長は、東アジアに押し寄せるポルトガルやスペインの動向を憂慮し、一世紀に及ぶ戦国動乱に終止符を打つべく熟考した。諸大名が、自領の維持に汲々としていた時期に、信長ひとりは日本の行く末を悶々と憂えたのである。

理論的には、たとえ小大名でも火器を大量かつ効果的に使用すれば天下がとれる時代となっていた。ということは、フィリピンのマニラを拠点とするスペイン艦隊が精兵を率いて戦国大名間の戦争に介入すれば、植民地化のきっかけになることは火をみるより明らかだったのだ。当時、世界の銀の三分の一まで産出したといわれる日本に、彼等が興味をもたないはずはなかっただろうから。

（出典：『天下統一　信長と秀吉が成し遂げた「革命」』藤田達生／中公新書）

しかし、そこには現実の壁があります。信長が武力によって征服した地域ならいざ知らず、調略によって味方にした大名はいつ裏切るかわかりませんし、本願寺の一向一揆のように執拗に抵抗する勢力もあります。

そこで、信長は優先順位をつけました。やりやすいところは猛スピードで、抵抗が激しいところはとりあえず現状維持で、極めて臨機応変に改革に臨みました。前作（『経済で読み解く　織田信長』）において、信長の改革は「非常に画期的だったが、中途半端だった」と私が評価したのはまさにこのことです。

しかも、信長は1582年に「本能寺の変」で死んでしまいました。仕事に着手したとたんに暗殺されたようなものですから、中途半端になって当然だったかもしれません。

本書で登場する豊臣秀吉は、織田信長の遺志を引き継ぎ、その改革を猛スピードかつ徹底的に推し進めました。では、具体的に信長、そして秀吉に引き継がれた改革の本質とは何だったのでしょうか。

信長は、父祖伝来の領地すなわち本領を守り抜くという中世武士の価値観が、将軍を頂点とする伝統的な権威構造を再生産し、戦国動乱を長期化し泥沼化させた根本原因であると判断した。それを打破するために、彼は中途採用の明智光秀や素性の定かでない羽柴秀吉を重臣に抜擢《ばってき》して、家臣団に実力主義の重要性を説《と》き常識化しようとした。

（出典：前掲書）

「父祖伝来の領地を守り抜く」というのは、いわゆる「一所懸命」です。鎌倉時代、室町時代を通じて、各地の武士たちはこの価値観に基づき自領を守ることに最大のプライオリティをおいていました。

将軍とはそのことにお墨付きを与える権威です。大名たちは将軍からのお墨付きを得ることと引き換えに、将軍の権威を認めていました。まさに「御恩と奉公」の世界です。

ところが、時代が下ってくると当初その地域の支配を任された大名が没落し、下請けで代官をやっていた「土豪《どごう》」「地侍《じざむらい》」と呼ばれる武士が台頭してきます。いわゆる

「下剋上《げこくじょう》」です。

下剋上で成り上がった新興勢力は、旧支配者から奪った領地を正当化するため、将軍の権威にすがります。そのために、彼らは将軍に献金や献上品を届け、将軍が敵と戦うときは戦力を提供します。将軍はその見返りに所領を「安堵《あんど》」するわけです。

しかし、こんなことをやっていたらいつまでたっても戦乱は終わりません。信長は自分自身が下剋上で成り上がった大名であったにもかかわらず、これが繰り返されることの弊害を誰よりも問題視していました。将軍の力はあるようでいてないし、外国勢力がどこかの大名に肩入れしたら大変なことになります。

「貨幣不足」が常態化していた時代

また、経済の観点からもこの状況は極めて非効率でした。国内がたくさんの国に分裂し、それぞれが好き勝手なルールで統治する――。それは、経済においても全国各地でバラバラのローカルルールを容認するということです。

例えば、「貨幣」についてこんなことを許したらどうなるでしょうか。

ある地域では一文の価値を持つ銅銭が、別の地域ではその三分の一の価値しか持たないといったことが起こり得ます。

実際にあった話ですが、関東地方で事実上の「基準通貨」扱いされていた永楽銭《えいらくせん》はそれ以外の地域では鐚銭《びたせん》扱いだったり、金山のある甲斐は金本位制で近隣諸国の銭貨を受けつけなかったり……といった具合です。これではとても効率が悪いだけでなく、取引や流通に膨大なコストがかかってしまいます。

室町時代末期から戦国時代にかけて戦乱は百年以上続きましたが、大名たちの「戦時統制」により、かえって生産が増えたり、流通網が整備されたりした時代でもありました。特に、戦国時代も後期になると大名が淘汰《とうた》され、数が少なくなる代わりに動員できる兵力が激増しました。

おのずと戦争の規模が大きくなり、各勢力ともに大規模な軍隊を支える必要が出てきます。大量の物資を調達し、輸送することの重要性はことのほか高まりました。期せずして、それまでよりも大規模な生産の拡大と流通網の整備が進みました。

信長のような広大な版図《はんと》を持つ大名たちは、関所を廃止したり、取引ルールを統一したり、城下町で自由な商売を許可したり、といった「経済振興策」を採用するようになります。

経済の規模が大きくなると、それに合わせて「貨幣量」を増やす必要があります。経済は「モノとお金のバランス」で成り立っています。大名たちの経済振興策によってたくさんの物資が市場に出回るようになれば、それに合わせてお金の量を増やさないとお金不足からデフレになってしまいます。デフレになれば経済が停滞し、年貢《ねんぐ》が減って戦争にも勝てません。

ところが十六世紀までの日本の貨幣制度は、支那から輸入された銅銭（渡来銭）によって支えられていました。それまでの日本は支那とたくさん交易すると貨幣量が増えて好況になり、交易が途絶えると貨幣量が減ってデフレになるという景気循環を繰り返していたのです。

室町時代末期から戦国時代にかけて産業の振興が相当なレベルに到達すると、貨幣不足が常態化するようになりました。さらに、支那経済が「銅銭」主体の経済から「銀貨」主体の経済に移行し、銅銭の鋳造が終わってしまったことが追い打ちをかけます。日本は日常的な取引に支障をきたすような貨幣不足に直面します。貨幣が希少価値を持つため、人々はそれを溜め込んで使おうとしません。結果として、デフレが発生します。デフレが発生すると、景気が悪くなり人々は生活苦に陥ります。破れかぶれの気持ちから普段は見向きもされない過激な思想が蔓延《まんえん》し、戦争が起こったりする——。これこそが、私が「経済で読み解くシリーズ」で一貫して訴えてきたことです。そして、まさに戦国時代とはそんな時代でした。

「正貨」について

ここで貨幣について本質的な問題を考えてみましょう。それは何を持って「正貨」とするかという大問題です。

「銅銭はどんな銭種であっても1枚1文の価値がある」というのが日本のルールでした。輸入したばかりの銅銭は、どれも均質で見た目も触り心地も一緒です。

ところが輸入してから何百年も経つと、摩耗や破損などによって質感が大きく変わってきます。300年前に鋳造され、ずっと市中を流通していた銅銭と、直近に鋳造された銅銭では、見た目も触った感じもまったく別モノになってしまいます。

しかし、そうなると困ったことが起きます。人によっては摩耗や破損が激しい銅銭を「正貨」とは認めず、最悪の場合、「受け取り拒否」が発生します。

ちなみに、現代の日本においてはこういうことがないように、日本銀行がしっかりと管理しています。日本銀行の公式サイトには次のような記述があります。

日本銀行による引換えの対象となる現金（以下「損傷現金」といいます）は、以下のとおりです。

(1) 汚染、損傷その他の理由により使用することが困難となった銀行券

(2) 磨損その他の事由により流通に不適当となった貨幣

日本銀行は、両替業務は行っておりません。両替をご希望の方は、お近くの金融機関にご相談ください。

(https://www.boj.or.jp/about/services/bn/hikikae.htm/)

しかし、当時の日本に現代的な意味での中央銀行は存在していませんでした。前述した全国各地の経済の独自ルールというのは、貨幣制度において「銭貨の摩耗、破損をどこまで認めるか」という問題に直結しています。室町時代末期から、その基準が全国各地でバラバラになってきたため、決済に支障をきたし始めたのです。

もう銅銭を選別（撰銭《えりぜに》）して使うしかない——。これが室町時代末期から安土桃山時代にかけて出された「撰銭令」の背景です。全国各地で独自基準の撰銭が頻繁に行われていたということです。

経済上の非効率は貨幣問題のみに留まりません。この他にも、国内に勝手な関所を設置して物流を阻害したり、米の収穫量を計測するための枡《ます》の大きさが統一されてなかったり……、様々な問題が山積みになっていました。大名の規模が大きくなっても分裂していることには変わりなかったからです。

こんな好き勝手を許していたのが足利将軍でした。しかし、それを大名から見れば、その権威を認めることによって、領地を支配する大義名分を得て国内の反乱を抑え込むことができ、事実上の治外法権を得られる美味しい制度でした。

将軍の立場から見るとこの仕組みによって、権威として祭り上げられつつ、様々な献金や献上品を受け取ることができました。まさに、持ちつ持たれつの関係だったわけです。

この関係を断ち切るには、「将軍を頂点とする伝統的な権力構造」そのものを変えてしまうしか方法がありませんでした。信長はそのことに気づいていたと思います。

しかし、信長はもうひとつ大事なことに気づきつつも、実行が伴いませんでした。それは、「独自の貨幣を発行して国内の経済の混乱に終止符を打つ」ということです。

果たして、その後継者の秀吉はそのことに気づいたでしょうか。そのことについては後述します。

信長の〝革命〟

信長は石山戦争で本願寺と講和した1580年から、支配地域である畿内近国で大規模な「城割《しろわり》」と「検地」を行いました。それは「構造改革」というよりは、「革命」に近い極めて大胆なものでした。

大和を中心に、奈良興福寺多聞院《たもんいん》の僧侶英俊《えいしゅん》が書き留めた日記『多聞院日記』を頼りに「革命」の実態をみていこう。順慶《じゅんけい》は八月八日に河内の城割のために出向き、十六日に帰国する。翌日より、今度は自らの所領である大和において、信長から命ぜられたように郡山城一城のみを残して、居城筒井城をはじめとする国中すべての城郭の破却に取りかかった。これには一国の人夫が動員され、監督のために信長から上使（信長の意思を伝達し遂行する使者）も派遣されている。大和一国規模の城割は、早くも同月二十日に完了した。

（出典：『天下統一　信長と秀吉が成し遂げた「革命」』藤田達生／中公新書）

信長の城割工事は内堀の埋め戻しを行うほど大規模なもので、城郭としての機能を完全に停止させるぐらい徹底したものでした。城郭の機能が残っていると、そこに立て籠って、再び地域を「一所懸命」する連中が復活してしまうからです。

そういう連中が国中に跋扈《ばっこ》すれば、最悪の場合、鞆の浦にいる足利義昭を担ぎ出す勢力が出てくる可能性もあります。石山戦争後に信長の支配地域内で徹底的に行われた城割は、逆戻りのリスクを大幅に減少させるためのものだったのです。

信長が行った検地も城割と同じ発想の下で行われた政策です。中世的な価値観において領地というのは交換不能だと考えられていました。なぜなら、父祖伝来のオリジナルな領地はそこにしかないからです。

しかし、信長の発想は違いました。検地によって領地を石高《こくだか》で表すことで、「先祖伝来の土地」という考え方に風穴を開けたのです。石高表示によって、1万石の領地は全国各地にある他の1万石の領地と等価になります。こうなれば、傘下の1万石大名を別の1万石の領地に国替えしても「文句はなかろう」ということになります。

前出の藤田氏によれば、これは領地の「デジタル化」であり、これによって大名を移動させること（「知行替《ちぎょうがえ》」）ができるようになったとのことです。もちろん、大名の配置を決めるのは新しい「武家の棟梁」である信長です。

実際に、信長はその版図を拡大する過程で、頻繁な知行替を行いました。例えば、本書の主人公である豊臣秀吉は、当初近江長浜城の城主として12万石を与えられていましたが、その後、播磨一国を与えられて中国方面を攻略するリーダーに据えられています。

とはいえ、信長の領地は日本の国土の主要部分ではあっても全国ではなかったし、畿内のような徹底した城割と検地が間に合わなかった地域もあり、その政策は途中で終わってしまったように見えます。

ちなみに、このメカニズムを全国規模に拡大、浸透させるのは秀吉です。実際に、信長以上に頻繁な知行替を行っていますが、その詳細については後述します。

また軍隊についても、信長の考え方は画期的でした。基本的な方向性としては、「兵農分離」「常備軍創設」です。

尾張統一以降、信長は「清州」→「小牧山」→「岐阜」→「安土」と頻繁に本拠地を変えました。そのことで、家臣は自分の領地から遠く離れ城下町に住むようになりました。

これで兵農分離が進むかと思いきや、前作（『経済で読み解く 織田信長』）で指摘した通り当時の武士のスタンダードである「本領安堵」という固定観念には最終的に勝てませんでした。

信長の政策は家臣たちに尾張の本領を安堵しつつ、安土の城下町に住まわせるという中途半端な結果を招いたのです。

このように信長の目指していたことは、それまでの常識を覆すまったく新しいものでした。前出の藤田氏は、これを「預治思想」と呼んでいます。

預治思想とは、「家臣団に本領を安堵したり新恩を給与したりする伝統的な主従制のありかたを否定し、大名クラスの家臣個人の実力を査定し、能力に応じて領地・領民・城郭を預ける」という考え方です。

確かに、領地を検地し石高表示にしたり、兵農分離を進めたりすれば、預治思想を実践するインフラが整うことになります。ところが、信長はインフラ整備が完成する前に、突如この世を去ってしまいました。

ブラック企業「信長株式会社」

信長に対する包囲網は三度にわたって構築、形成されましたが、朝倉義景《あさくらよしかげ》の判断ミス、武田信玄の死、朝廷の助力などに助けられ、信長はすべてこれを突破しました。
3回仕掛けられた包囲網を突破した信長にはいつのまにか、5正面（関東、北陸、畿内、中国、四国）同時作戦を展開するだけの兵力と財力が具《そな》わっていました。1578年の中国侵攻、1580年の石山本願寺戦争終結、特にその翌々年である1582年の甲州征伐はウイニングランでした。

また、鞆の浦に籠るもう一人の「武家の棟梁」足利義昭はとっくに力を失っており、あとは粛々と四国、中国を平らげ、最後は九州と北日本を平定して統一事業は完了する予定でした。

もちろん、信長の力はすでに強大で、実際に武力を行使しなくても恭順の意を示して臣下の礼を取る大名もたくさんいました。武力を使わずに獲得した領土についても、信長は容赦なく城割、検地を行ったことでしょう。

そのような状況にあった信長にとって、四国攻略とは全国制覇に向けた大事なプロジェクトでした。ところが、四国への侵攻を準備していた1582年、ご存知の通り家臣である明智光秀の突然の裏切りによって、信長は京都本能寺で襲撃され死んでしまいました……。

なぜ明智光秀が裏切ったか——については、これまでたくさんの説が囁《ささや》かれてきました。都市伝説的に言われているのは「光秀が信長に叱責されたとき、叩かれてカツラが落ちたのを逆恨みして……」というものです。これはさすがに飛躍しすぎですね。

私は前作で「信長は中小企業の創業経営者のメンタリティで理解すべきだ」という自説を展開しました。この説を敷衍《ふえん》して、「中小企業でバリバリ働いてきた幹部社員が、ふとオーナー経営者の気まぐれに身の危険を感じ、行動を起こす」というストーリーを考えてみましょう。

それは私の座右の銘である「狡兎《こうと》死《し》して良狗《りょうく》烹《に》らる」「敵国敗れて謀臣《ぼうしん》亡ぶ」という故事成語そのものです。

信長の家臣団は「天下統一」のための仕事を任されています。その仕事とは戦争で外敵を打ち破り、奪い取った領地に城割、検地などを行って預治思想のシステムに組み込むことです。しかし、いったんそのシステムに組み込まれたらどうなるでしょう？

その土地の支配は、最初に戦争で奪い取った家臣に固定化されることはありません。実際に、秀吉や光秀のような信長家臣団の大幹部ですら、何度も国替えをさせられています。

もちろん、この国替えは各自の功績、実力を信長が評価した勤務評定です。伸び盛りの中小企業は信賞必罰ですから、社員は仕事に失敗すれば左遷されますし、最悪の場合はクビになる可能性もあります。とはいえ、当初はろくな人材も集まりませんので、社長から見て本当にクビにしたい社員でも我慢して使い続けるということもあります。

しかし、ある程度会社が大きくなって、より多くの優秀な人材を採用できるようになったら話は変わります。会社が小さい頃には有用だった人材も用済みになるからです。

まさに、「ブラック企業」――。ですが、伸びている会社にこれは必要なことなのです。

リストラされた重鎮たち

そして、ブラック企業「信長」においてもこの掟は実践されました。石山戦争終結直後、尾張統一の頃から信長家臣団の重鎮が一気にリストラされたのです。

（1580年）八月十五日、信長は大坂に下って、無残に焼け落ちた本願寺の跡を

検分する。そしてその地で、佐久間信盛《さくまのぶもり》と息子の信栄《のぶひで》にあてた折檻状《せっかんじょう》をしたため、追放してしまうのである。〈中略〉

教如《きょうにょ》が退去した後に信長が追放した家臣は佐久間親子だけではない。長い間織田家の家老職を務めていた林秀貞《はやしひでさだ》、美濃三人衆のひとり安藤守就《あんどうもりなり》、尾張の国人丹羽氏《にわうじ》勝《かつ》も同様に追放の憂き目を見ることになる。それぞれの追放される理由は公表されているが、なかには林のように二十四年前の反抗がけしからんなどという言いがかりとしか思われないものもある。

要するに、信長は佐久間の追放を機に家臣団組織を編成替えしようと思い立った、そのために不要の家臣を整理しようとした、ということになるだろう。林などはもう老齢で役にも立たず、ただ地位ばかりの存在だから、真っ先に切られたわけである。

(出典：『織田信長の外交』谷口克広／祥伝社新書)

佐久間親子の折檻状は信長の自筆で、なんと十九カ条から成る長文でした。そのなかで、「佐久間親子は石山本願寺を5年間も包囲していたが、何の功績も上げていない」という厳しい評価を下しています。

その他にも、他の家臣たちと比べたときのダメっぷりや、これまでの仕事上のミスを徹底的に論《あげつら》っています。

確かに信盛は凡庸な武将だったかもしれませんが、信長にずっと付き従って命令通り行動してきたことは間違いありません。折檻状に書いてあることが問題なら、そのときに罰するべきだったのではないかとも思えます。

しかし、信長は現実主義者です。ここまで人材不足で苦しみましたから、仕事の完成度がイマイチな信盛でも使えそうな場所に配属してなんとか使っていたのです。

石山戦争が終結して、戦争のステージが変わりました。今後は敵を屈服させるだけでなく、本格的に預治思想のシステムを全国に広げていかなければなりません。もともと、信盛の仕事の遅さ、怠慢さに業《ごう》を煮やしていた信長は、もうこれで用済みだと思ったのでしょう。

そして、これは他の家臣たちに対する見せしめ、引き締めでした。アメとムチでいうならムチのほうです。しかし、このムチがあまりに効きすぎてしまったために、「本能寺の変」を誘発したのではないでしょうか。

「本能寺の変」はなぜ起こったか

佐久間信盛ほどの古参が、昔の細かい仕事のミスで激しく叱責され、無残にもリストラされていった姿を見せられた後輩家臣たちはどう思ったでしょう。確かに石山本願寺攻略には5年もの時間を浪費し、最後は信盛の手柄ではなく信長の朝廷を巻き込んだ外交交渉によって解決したという側面もあります。

しかし、本願寺側も要塞化した寺に籠ってなかなか攻撃してこず、守りに徹していたのも事実です。しかも、信盛は本願寺を包囲する傍ら、四国方面で窮地に陥った秀吉の救援のために一部の軍勢を割《さ》いて派遣したりもしています。

これまでの基準でいけば、「ＯＫ」でよかったのではないか――、多くの家臣がそう思ったことでしょう。

ところが、信長の仕事のクオリティに対するハードルはいつの間にか上がっていました。「俺も今の仕事の完成度では、信長さまにダメ出しされてしまうかも……」と不安に思った社員多数。失敗すれば信盛と同じ運命になる。そんな異常なプレッシャーを感じていたのではないでしょうか。

明智光秀の〝暴発〟はこのプレッシャーの下で起こるべくして起こった事件だと思います。「四国攻略は阿波の三好氏と組んで進めるのか？」「それとも土佐の長曾我部と組んで進めるのか？」と、信長は迷っていました。それぞれの交渉担当者として秀吉、光秀が選ばれ、秀吉は三好氏、光秀は長曾我部氏と交渉を進めていました。

長曾我部元親《ちょうそかべもとちか》は下剋上で土佐一国を支配するまでに成りあがった実力者であり、信長と似た境遇にあったと言えます。とはいえ、1580年時点で、この二人の立場はあまりにも違いました。信長は自分に似た奴だからこそ、最後まで元親を信用しませんでした。

さらに、このタイミングで秀吉と三好の連合軍が伊予《いよ》、讃岐《さぬき》への侵攻に成功します。淡路島の安宅《あたぎ》氏など有力な水軍も織田方につきました。当初は長曾我部を利用した四国統一を考えていた信長は状況の変化に最初の考えを翻します。やはり四国は三好を使うという決定が下りました。

長曾我部氏には四国全土ではなく、土佐一国と阿波の南半分の領土を認めるという妥協案が提示されます。しかし、これは元親が自力で勝ち取った占領地の放棄を意味しました。そして、交渉は決裂します。交渉担当者だった光秀は青くなったのではないでしょうか。「信盛リストラ」の恐怖が頭をよぎったでしょう。

また時を同じくして、光秀の出雲・石見への国替えが決まっていたようです。光秀の領地は、近江、丹波、丹後、大和から摂津方面に広がっていました。まさに、秀吉とならぶ織田家随一の家臣です。

ところが、転勤先はこれらの領地に比べればはるかに見劣りするうえ、そこは毛利氏との境界線であり最前線でした。

> 外交官として深く関係した長宗我部氏が敗北することによって、政権内における発言力が決定的に低下することは確実だったからである。それに追い討ちをかけるように彼を悩ませたのが、四国・中国平定後に予想される大規模な国替だった。表によると、石見のみ国主がわからない。これに関連して、信頼性では難があるが、『明智軍記』には中国出兵に際して光秀が信長から出雲・石見への国替を命ぜられたというが、その可能性をまったく否定してしまうことはできないのではないか。
>
> (出典：『秀吉と海賊大名　海から見た戦国終焉』藤田達生／中公新書)

毛利氏との戦争で下手《へた》を打てば自分は死に、仮に勝ったとしても信長の設定する高い勝利条件を超えられなければ信盛のようにリストラされるかもしれない……。そう思ったとき、起死回生のテロでこの状況を逃れるという「悪魔のアイデア」が浮かんでも不思議ではありません。

そして、「主君殺し」を正当化するために、当時有名無実だった鞆幕府の足利義昭を便利な存在として使ったのだと思います。

2017年9月に、美濃加茂市民ミュージアムの所蔵品から発見された明智光秀の書状が話題になりました。

「本能寺の変で織田信長を討った重臣の明智光秀が、反信長勢力とともに室町幕府再興を目指していたことを示す手紙の原本が見つかった」とマスコミは持て囃《はや》しました。

前掲書の藤田氏はこの書状を光秀と義昭が通じていた証拠と見ているようです。

ただ、これには多くの異論があります。歴史学者の渡邊大門氏は次のように述べています。

明智光秀が本能寺の変を起こした有力な説の一つとして、足利義昭黒幕説がある。しかし、以前検討したとおり、同説は史料的な根拠が薄弱で否定されている。足利義昭黒幕説が提起された背景の一つとしては、「(鞆)幕府」なるものが存在し、実

態として強大な勢力を誇っていたからだといわれている。〈中略〉

「ハリボテ」のような「鞆幕府」であったが、一定の権力とみなされたのは事実である。特に、中小領主が積極的に加わり、「反信長」の対立軸になったことは評価しうるところである。そう認識された理由は、義昭が将軍という権威的な存在であったという一点になろう。

しかし、義昭には政治的権力が乏しく、軍事力は毛利氏頼みであった。各地の有力大名にあれだけ檄《げき》を飛ばしながらも、誰もすぐに飛んでこないのは、その証左と言えるだろう。したがって、形式的には「鞆幕府」と称しうるかもしれないが、その存在自体を過大評価すべきではないと考える。

（出典：信長殺し将軍黒幕説に終止符を打つハリボテ「鞆幕府」の真相　http://ironna.jp/article/8663）

私もここまで述べてきた通り、渡邊氏の見方に賛成です。義昭は本願寺や毛利氏を動かしているかのようなプレイをしていただけで実際に力はありませんでした。同じ理由で光秀を動かすほどの力はなかったと思います。

むしろ、「追い詰められた光秀が焦って実行した主君殺しの大義名分のために義昭を利用した」――。そう考えたほうが妥当ではないでしょうか。
逆に言えば、光秀は「これだけ相手にされていない義昭なら、自分の行為を正当化して全国に手紙を送ってくれるだろう」と期待したのかもしれません。

「山崎の戦い」から「清須会議」へ

天正10年6月2日（1582年6月21日）、信長が「本能寺の変」で死亡しました。秀吉は毛利軍と対峙する陣中で、その情報を知りました。変から2日後のことだったようです。秀吉は毛利氏と即座に講和しました。そして、秀吉は有名な「中国大返し」を敢行しました。

秀吉は、織田（神戸）信孝《のぶたか》、丹羽長秀《ながひで》、池田恒興《つねおき》と連合軍を結成し、京都に陣取る光秀の討伐に出かけます。京都は攻めるに易く、守るに難い場所です。光秀は秀吉の連合軍が京都に入る前に迎撃する必要がありました。これほど早く秀吉が戻ってくることは計算外だったでしょう。

6月13日、京都郊外の山崎で両軍は接触しましたが、光秀は多勢に無勢。惨敗して勝龍寺城に逃げ込みました。しかし、すでに秀吉から落ち武者狩りの情報が京都近郊の各村に伝わっていたそうです。

なんと、秀吉は本願寺まで味方につけていたのです。光秀は近江へと向かう途中で落ち武者狩りのネットワークに引っかかり、殺害されました。本能寺の変からわずか11日後のことです。

「本能寺の変」の最大のポイントは、信長の長男である信忠《のぶただ》も一緒に死んでしまった点にあります。もし信忠が生きていれば、安土幕府の権力は信忠に継承され、秀吉は一生家臣として過ごしたかもしれません。

なぜなら信長の生前に、信忠への権力の移譲は進んでいたからです。1575年の長篠の戦いの後に、信長は権大納言《ごんだいなごん》および右近衛大将に任命されますが、同時期に織田家の家督を長男の信忠に譲っていました。

ところが信忠が死んでしまったために、織田家の跡目相続を巡って信長の次男・信《のぶ》雄《かつ》と三男・信孝が対立します。この二人は非常に仲が悪く、お互いに譲り合うことをしませんでした。

そのため、光秀を倒した後開かれた「清須会議」では、この二人のいずれか一方に織田家を継がせれば、選ばれなかったほうが間違いなく反乱を起こすだろう——ということになりました。

また、すでに信長から信忠にすでに家督が譲られていることから、このたびの件は信忠の後継問題と捉え、信忠の遺児で当時まだ2歳だった三法師《さんぼうし》（織田秀信《ひでのぶ》）に織田家の家督を相続させるということで話がまとまりました。

「清須会議」で決まった新しい体制は、次の通りです。

織田家督（天下人）……三法師（織田秀信）
後見役……………織田（旧北畠）信雄・織田（旧神戸）信孝
執権………………柴田勝家・羽柴（豊臣）秀吉・丹羽長秀・池田恒興
三法師の傅役《もりやく》…………堀秀政

「清須会議」には、織田家の家督相続のほかにもうひとつ重要な議題がありました。
それは領主のいなくなった領地の帰属を決めることです。
話し合いの結果、それは次のように分配されることになりました。

織田信雄…………尾張全域獲得

織田信孝………美濃全域獲得
柴田勝家………近江北三郡獲得
羽柴（豊臣）秀吉……山城全域、丹波全域（名目は養子秀勝《ひでかつ》領）、河内の一部獲得。
近江北三郡削除
丹羽長秀………近江高島・志賀郡獲得
池田恒興………摂津大坂・尼崎・兵庫獲得
堀秀政………近江中郡獲得

結果的に、秀吉はこの分配で大きな恩恵を受けました。京都を囲む山城とその近辺を手中に収めたことは、今後「天下統一」を進める上で非常に有利です。秀吉は清須会議で得た成果によって、天下統一に向けて大きく前進することになりました。

ちなみに、秀吉の版図に組み入れられた山城の国では即座に検地を実施しています。やはり信長の後継者として、仕事をする気満々だったということでしょう。歴史家の谷口克広氏は次のようにいいます。

この体制の外見を見る限り、秀吉の野望は感じ取れない。それが秀吉一流の駆け引きといえる。幼児三法師の傅役である堀秀政と秀吉とは、以前より肝胆相照《かんたんあいて》らす仲だったようである。そして秀吉は、徐々に丹羽・池田をも手なずけてゆく。もちろん、勝家を孤立させて追い込んでしまうのが目的である。

一方の勝家は、まったく天下への野心などとは無縁の男だった。それゆえ、秀吉が京都近辺で着々と天下取りの動きを進めている間も、自領の越前を動かなかった。

（出典：『信長と家康 清須同盟の実体』谷口克広／学研新書）

信長の後継者・秀吉

その後、信長の遺志を継ぐ秀吉は邪魔者を次々に排除します。まずは信長の次男・信雄と三男・信孝の争いに乗じて、最大のライバルである柴田勝家を倒しました。信雄側の秀吉、信孝側の勝家という構図でしたが、実際には「秀吉派」VS.「反秀吉派」の戦いでした。

「本能寺の変」の翌年の1583年に両派が激突した「賤ケ岳《しずがたけ》の戦い」は秀吉の圧勝となり、勝家、信孝は自害しました。

しかし、翌年には信雄と秀吉は対立を激化させました。信雄は秀吉が織田体制を転覆し「豊臣幕府」を作ろうとしていることに勘づいたからです。信雄は徳川家康と共謀し、1584年3月に挙兵しました。いわゆる「小牧《こまき》・長久手《ながくて》の戦い」の始まりです。

ただ一回、長久手における戦いがあった。秀吉軍の部隊、三好信吉（後の豊臣秀次《ひでつぐ》、秀吉の甥《おい》）を司令官とする軍が、岩崎城攻めから三河に侵入しようとしたところ、家康軍の急襲を受けて惨敗したという戦いである。この戦いで、秀吉方の池田恒興とその子元助《もとすけ》、森長可《もりながよし》たちが戦死するという犠牲を出した。〈中略〉しかし、『当代記』によると両軍の兵力は、秀吉方十万に対し、家康と信雄の連合軍は一万六、七千ということである。局地戦で勝利したからといって、全面的全面的ないくさで勝てるはずがない。長久手の戦いで勝ったといっても、その後の家康は小牧を守備するのが関の山で攻勢には出られず、伊勢の信雄領内が秀吉方に制圧されてゆくのをただ見守るばかりであった。六月、あちこちに軍を残して秀吉自身は大坂城に戻り、戦線はいよいよ膠着《こうちゃく》状態になった。

（出典：前掲書）

１５８４年11月、秀吉は圧倒的に有利な条件で信雄との単独講和を成立させました。信雄が事実上の臣下となったことで、「秀吉は織田家を越えて天下人になった」と言ってもいいでしょう。

徳川家康とも講和の交渉が続けられましたが、家康は戦略的には完敗しているにもかかわらず意地を張り続けました。

しかし、天下の形勢には勝てず、１５８６年10月、大坂城に出向いて秀吉と対面し臣従を誓いました。

「本能寺の変」以降、秀吉は信長の行った政策を引き継いで着々と改革を進めていきました。「城割」「検地」「刀狩」「関所の廃止」など、その分野は多岐にわたっています。秀吉も信長と同じく、世界地図が頭に入っており、国際情勢にも精通していたのです。

「外敵から日本を守るためには国内で争っている場合ではないし、伝統的な御恩と奉公では国を守れない」――。そういう危機感があったのではないかと思います。

しかも、戦国時代を通じた戦時動員体制は予期せぬ形で日本に生産性向上をもたらしています。

そこには国際貿易システムと支那の貨幣制度の変化も大きくかかわっていました。当時、支那から銅銭を輸入していた日本が、支那の銀貨シフトによって今度は貨幣の輸出国になっていくのです。

ところが、日本国内の貨幣制度は……、この点については次章で詳しく解説します。

経済は身体、政治は衣服です。どんどん大きくなる身体に服のサイズが追いつかない――。

貨幣制度の混乱に苦しむ日本を、秀吉はどう変えたのか？　この後、詳しく解説していきたいと思います。

第一部

「貨幣制度」が歴史を作る

平安時代の後期に支那から流入した「銅銭」（渡来銭）はいつの間にか日本の貨幣として受け入れられ、公儀も認める「正貨」となりました。ところが、織田信長と豊臣秀吉が活躍した安土桃山時代になると、この約500年続いた「貨幣制度」が大いに動揺し、崩壊寸前となります。なぜなら、支那大陸からの渡来銭の流入がぱったりと止んでしまったからです。なぜそんなことが起こったのか？　実は、その原因は日本にありました。

支那からの渡来銭の流入が減ると、貨幣量の減少によってデフレが発生します。人々は将来的な貨幣不足を予想し、銅銭を溜め込んでモノを買わなくなるからです。ところが、戦国大名は淘汰されて大型化し、より大規模な戦争を勝ち抜くため食料の増産、商業の振興、流通網の整備などの改革が徹底的に進められました。国全体の生産性が上がっていくのに、貨幣が足らない！まさに、世は「戦国デフレ」の真っ只中!?

天下を統一した秀吉は、この危機をどのように切り抜けたのか？　その解決策に潜む罠《わな》とは？　乞うご期待!!

第1章　「悪貨」が「良貨」を駆逐する？

「悪貨」ばかりが流通するワケ

かの有名な「悪貨が良貨を駆逐する」という言葉は、金属貨幣を対象とした「グレシャムの法則」として知られています。

金属貨幣は長年の流通の過程で摩耗したり、破損したりせざるを得ません。そのため、額面価値は同一でも、実際に流通する通貨の形状は千差万別です。劣化した金属貨幣は、腐食したのか、摩耗したのか、それとも偽造されたのか、一見しただけでは判定がつきません。

もし、質の低い金属貨幣を支払いに使われた場合、受け取り側にそれを拒否されてしまう場合もあります。

そういう状況下において、人々はなるべく普段使いには劣化した金属貨幣（悪貨）を使用しようとします。なぜなら、この貨幣はいつ受け取りを拒否されるかわからないので、早めに手元からなくしておきたいと思うからです。

逆に、キレイな金属貨幣（良貨）は将来においても受け取ってもらえる可能性が高いため、なるべく使わずに手元に残しておこうとします。つまり、財布の中に悪貨と良貨があれば、人はなるべく悪貨を優先的に使い、良貨を使わずにとっておこうとするわけです。

ここで面白いことが起こります。みんながなるべく早めに悪貨を使おうとすると、市場で流通する貨幣に悪貨が占める割合が高くなります。なぜなら、良貨はみんなが退蔵するため決済で使われなくなるからです。これが究極に進むと、市場に流通する貨幣は悪貨ばかりで良貨がまったく存在しなくなります。

ここまで来ると、今度は悪貨の市場価値が退蔵されている良貨にフィードバックされます。具体的には、「いつの間にか良貨の価値が悪貨に引きずられて下がってしまう」とか、「そもそも良貨が貨幣として流通できなくなる」といった事態です。

「悪貨が良貨を駆逐する」というメカニズムとは、「悪貨ばかりが使われ、良貨が退蔵されて使われなくなる」というものだったのです。

日本史上初の金属通貨「皇朝十二銭」

日本の歴史上最初の金属通貨は、奈良時代から平安時代にかけて作られた国産貨幣（「皇朝《こうちょう》十二銭」）です。皇朝十二銭は畿内など一部地域では流通していたようですが、それ以外の地方では米や布などを貨幣の代わりに使う「物品貨幣」がメインで、皇朝十二銭は権威の象徴として使われていたようです。

また、発行枚数の点でも皇朝十二銭は現代的な意味における「貨幣」と呼ぶには厳しい代物でした。

現代的な意味で貨幣と呼べる国産貨幣は、1588年に豊臣秀吉が鋳造を命じた「天正菱大判」からです。ただし、貨幣の流通量という観点から言えば、おそらく徳川家康の時代（1601年）から鋳造が始まる「慶長小判」を日本初の国産貨幣としたほうがいいかもしれません。

皇朝十二銭が途絶えた理由は、原料の銅が思うように採掘できなかったことによるものです。そのため十世紀から十一世紀前半までの間、日本経済は米や布を貨幣の代わりに使う物品貨幣の経済に逆戻りしました。

ところが、平安時代後期に入ると支那から銅銭が流入し始めます。支那からの銅銭は貨幣不足に陥っていた日本経済にとって恵の雨でした。2009年に実施された日銀企画展「〝びた1文〟に秘められた歴史　海を越えた中世のお金」のパンフレットに、なぜ支那の銅銭がこれほど日本に受け入れられたのか、わかりやすい説明がありましたので抜粋して掲載します（次頁の〈図表1〉参照）。

図表１　「銭貨」が受け入れられた理由

銭貨は、誰にとっても「１枚」＝「１文」の価値でわかりやすく、絹や米等の貨幣のように重さや量を計る必要がありません。また、銭貨１枚（少額取引）や銭緡《ぜにさし》（高額取引）としても使用でき、たいへん便利でした。

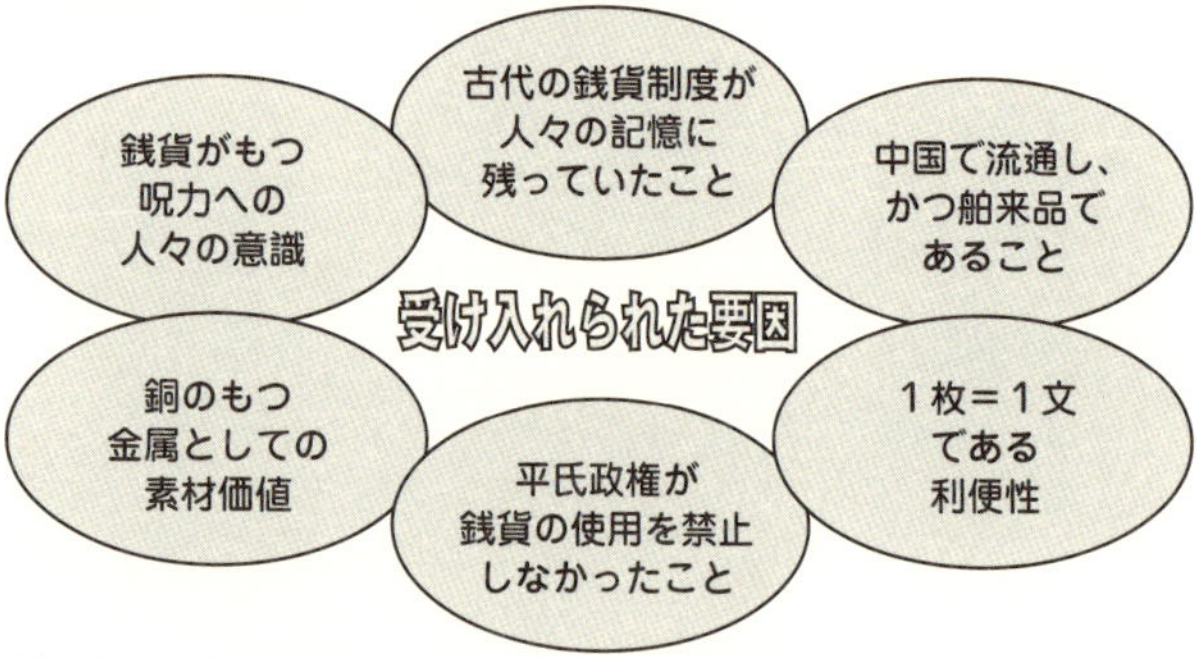
受け入れられた要因
銭貨がもつ呪力への人々の意識
古代の銭貨制度が人々の記憶に残っていたこと
中国で流通し、かつ舶来品であること
銅のもつ金属としての素材価値
平氏政権が銭貨の使用を禁止しなかったこと
１枚＝１文である利便性

出典：日銀企画展「海を越えた中世のお金 “びた１文” に秘められた歴史」
https://www.imes.boj.or.jp/cm/exhibition/2009/k_20091010.html

お金の基礎知識

人間は放っておいても徐々に賢くなる生物です。なぜなら、どうせ同じ結果が得られるならなるべく楽をしようと考え、仕事を効率化するからです。

そのため、鎌倉時代や室町時代にあっても、時代が下るにつれて生産性が向上し、モノの生産量が増えていきます。

モノの生産が増えると取引量が増大し、決済に必要な貨幣に対する需要も増加します。鎌倉時代から室町時代にかけては、趨勢的に増加する生産量と、それに伴って高まる貨幣そのものに対するニーズが正のフィードバックループを起こしていました。

要するに、お金の量が増加すれば、相対的にモノの量が不足し、価格が上昇するわけです。

価格が上昇すれば、それは生産者に生産量を増やすためのインセンティブを与えます。そして、生産量が増加すれば、それに伴って取引量も増加します。取引が活発になればなるほど、貨幣需要も増加します。

もしここで追加の貨幣量の増加がなければ、経済は成長を止めてしまいます。逆に、追加的な貨幣の増加が継続的に続く場合、経済は爆発的に成長することになります。

ただし注意しなければならないのは、貨幣量を100倍に増やせば、たちどころに生産量が100倍に増えるわけではないという点です。貨幣量の増加が引き出すのはあくまでも埋もれていた潜在的な経済成長の力であって、それはじわじわとした変化でしかありません。

現実には、実体経済の成長に合わせて少し背伸びするぐらいの貨幣量の増大を維持するととても良い効果があります。

現代において、多くの中央銀行が物価目標を設定していますが、その目標値が概ねインフレ率2~4%程度である理由はまさにこれです。マイルドなインフレこそが、成長に必要なマクロ経済環境なのです。これは、絶対に逆らえない「経済の掟」のひとつです。

では、この掟をより具体的な貨幣制度として社会インフラ化するためにはどうすればいいでしょうか。そのシステムを成り立たせるためには、そもそも貨幣経済の礎となる貨幣そのものが少なくとも以下の条件を満たす必要があります。

① 持ち運びが容易であること
② 誰でもそれが本物だと判別できること
③ モノの価値を数値で表すこと

支那で鋳造された銅銭（渡来銭）は、当時においてはこのような条件を十分に満たす貨幣でした。というか、これ以外に選択肢がなかったのです。

貨幣による取引は物々交換に比べて圧倒的に楽です。そのうえ、取引の利便性、効率を大いに高めます。そして、人は一度便利なやり方を覚えるとなかなか元には戻れません。

例えば、あなたが魚を捕る漁師だとして、釣り針を買いに行ったとしましょう。釣り針職人が「野菜となら釣り針を交換していい」と思っている場合、あなたは手持ちの魚と釣り針を交換することができません。魚と野菜を交換してくれる農家を探すために余計な手間がかかります。

ところが、貨幣を媒介として取引をすれば、魚を売ったお金で釣り針を買えばそれで済みます。釣り針職人はあなたから得たお金で農家に行って野菜を買えばいいからです。なんと効率的！　貨幣の使用とは、経済の革命だったのです。

日本において、渡来銭はどんな種類のものでも1枚1文としてカウントすることがルールとなりました。金属貨幣に飢えていた日本において、日々の少額決済ニーズを埋めて余りある性能であったことは言うまでもありません。

しかも、どれが本物か偽物かは比較的判定しやすい。高額取引のときだけは持ち運びが大変ですが、普段の生活に使う分を運ぶのは容易です。枯れた土地に水が吸収されるように銅銭の使用が広まっていくのは当然です。

経済の掟「ワルラスの法則」

これに加えて、貨幣には思いもよらぬ効果があります。実は、貨幣量の増加は「モノの生産増加を促す効果」があるのです。これは絶対に逆らえない「経済の掟」です。
本シリーズで繰り返し述べている通り、「経済の掟」は歴史上どの時代においても通用する普遍的な法則です。そのなかのひとつ「ワルラスの法則」は、「世の中はモノとお金のバランスで成り立っている」という極めて単純な恒等式で表すことができます。

経済学者で明治大学准教授の飯田泰之氏の説明によれば、ワルラスの法則とは「ある市場が超過需要状態であるならば、かならずどこかの市場では超過供給状態になっている」ということです。世の中にはモノとお金しか存在していないとすれば、モノ不足はお金の過剰であり、モノが過剰であるならお金不足ということになります。

これを読み替えることで、インフレとデフレについて次のように説明することができます。

〈インフレ〉

モノが超過需要状態にあるならば、お金は超過供給状態にある

＝お金がたくさんあるとモノが売れる

図表２　「ワルラスの法則」概念図①

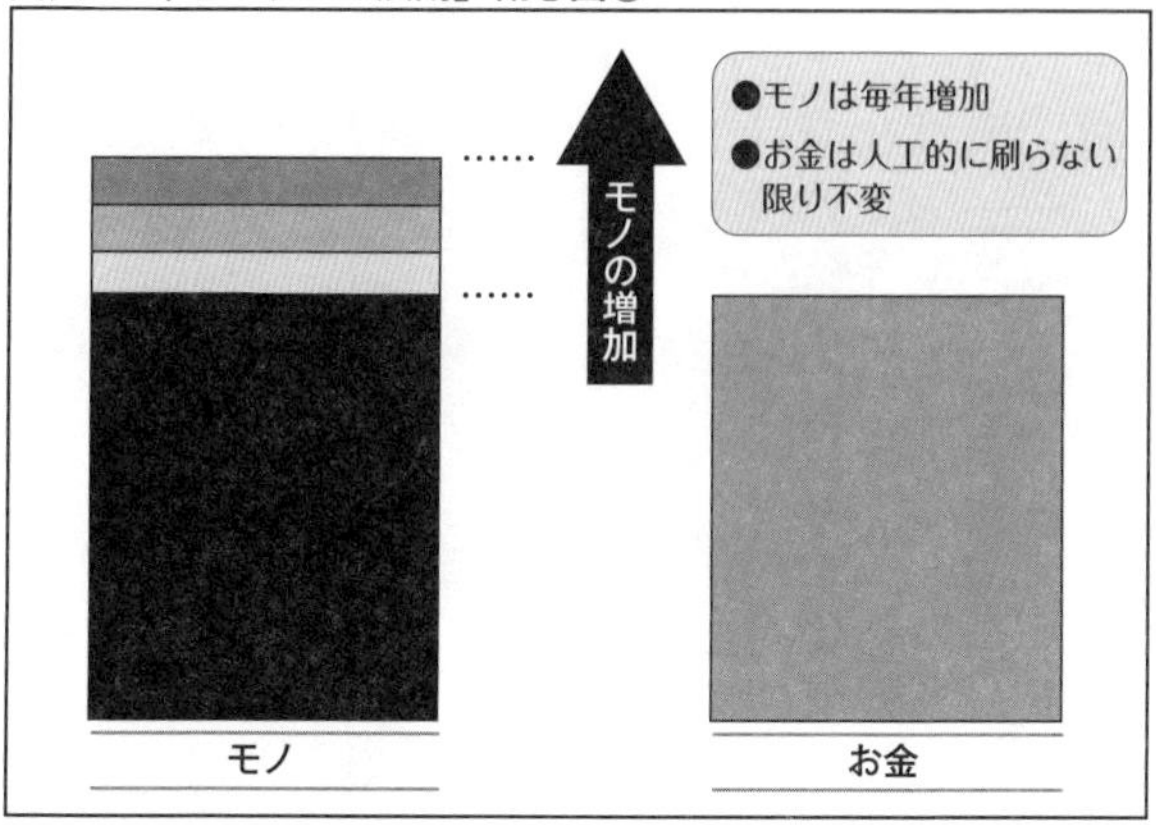
●モノは毎年増加
●お金は人工的に刷らない限り不変
モノの増加
モノ
お金

〈デフレ〉

お金が超過需要状態にあるならば、モノは超過供給状態にある

＝お金が不足するとモノが売れない

モノが不足すれば物価が上がり（インフレ）、お金が不足すると物価が下がります（デフレ）。モノ不足でインフレというのは理解しやすいですが、お金不足というのが具体的にイメージしにくいかもしれませんね。

人間は毎年賢くなるため、モノは放っておいても毎年より良いものがよりたくさん生産されていきます。人間は楽をしたがる動物なので、どうせ同じ結果が得られるのならなるべく少ない労力を使ってそれを達

図表３　「ワルラスの法則」概念図②

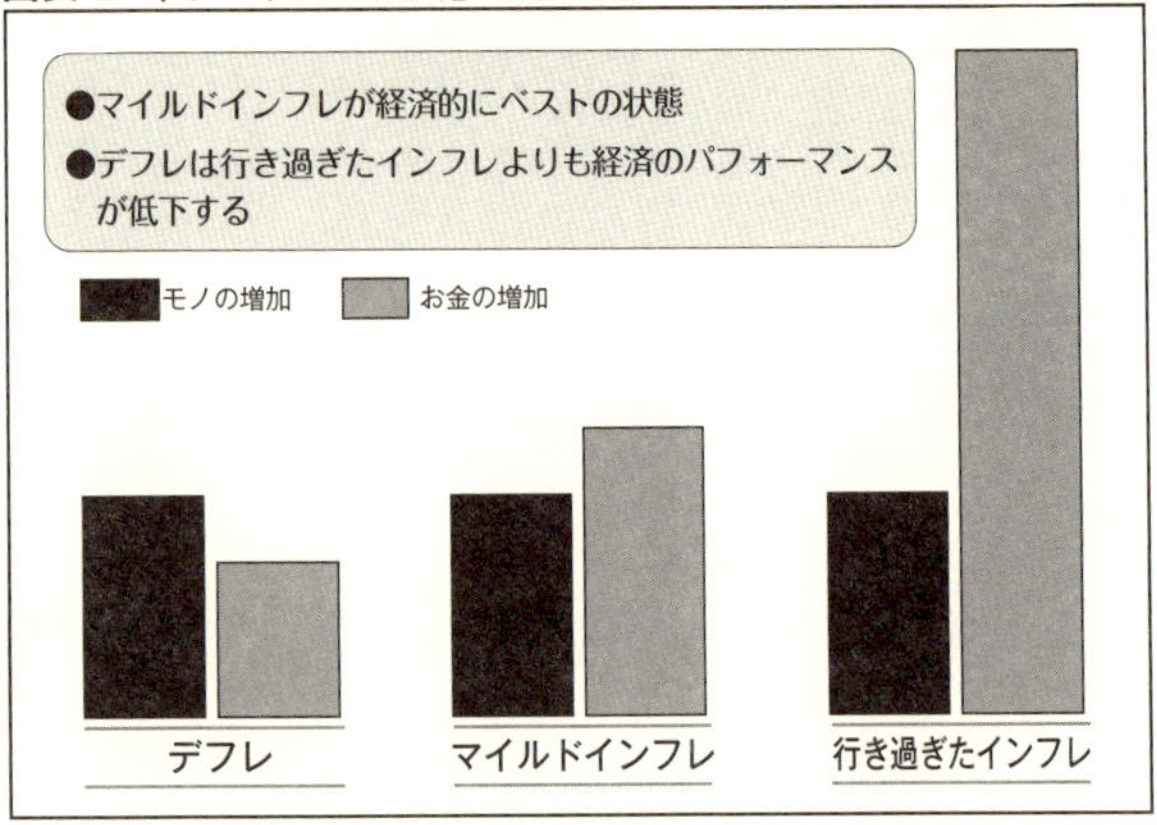
●マイルドインフレが経済的にベストの状態
●デフレは行き過ぎたインフレよりも経済のパフォーマンスが低下する
モノの増加
お金の増加
デフレ
マイルドインフレ
行き過ぎたインフレ

成する方法を工夫します。いわゆる「ショートカット」の発明です。

そして、一度「ショートカット」が発見されると、それが多くの人に拡散されみんなが真似をします。その結果、前の年と同じ労働力を投入しても、翌年にはより良いものがよりたくさんできてしまうのです。

これを先ほどのワルラスの法則に当てはめてみましょう〈前頁の〈図表２〉参照〉。左側のモノは毎年自然に増えていくのに対して、右側のお金は人工的に増やさない限り増えません。

お金は中央銀行が人工的に発行しない限り増加しません。何らかの理由で中央銀行がお金を供給するスピードがモノの増えるスピードを下回ると、将来的にお金が不足することが確実となります。そのとき、人々は将来的にお金の価値の値上がりを予想してお金を貯め込み、モノを買うのをやめてしまうのです。

つまり、デフレというのは需要そのものが喪失してしまったのではなく、人々の需要がお金に向いてしまっている状態のことなのです。需要がお金に向くということは、人々はお金を貯めることに熱心で、モノを買うことには消極的ということになります。モノは売れずに余ります。

そうなると、値引きしてでも在庫を処分しようとする人がたくさんでてきて、結果的にモノの値段が下がっていきます。このことは、裏を返せばお金の価値が上がっていることを意味します。

このように、お金の量がこの先増えていくのか、減っていくのかによって、いま目の前でモノが売れるか、売れないかが概ね決まるわけです。

景気の循環は「貨幣量の変化」で説明できる

通常、モノがたくさん売れるときは好景気、売れないときは不景気となります。景気が良ければ人々はお金儲けに忙しく、過激な思想は見向きもされません。ところが景気が悪くなると多くの人が経済的に困窮し、場合によってはヤケを起こします。そして、好景気のときは見向きもされなかった過激思想に人気が集まります。人々は、苦境を脱するための大胆な解決策に救済を求めるからです。

しかし、その大胆な解決策が、人種差別、テロ、戦争だったりする場合が往々にしてあります。歴史上の事件とは、景気の循環によって人々の気持ちが変化することで起こっているのではないでしょうか。

そして、景気の循環は〝貨幣量の変化〟で概ね説明できます。ということは、実は人類の歴史を作っているのは「貨幣量の変化」なのではないか――。「経済で読み解くシリーズ」はまさにそういう仮説を証明するために書いてきました。実際に調べてみると、面白いぐらいに「貨幣量の変化」が人々の心理に大きな影響を与えていることがわかりました。

ただし、この仮説が機能するために重要なもうひとつの要素があります。それは、人々の景況感における「認知バイアス」です。

認知バイアスとは、実際に起こっている事件と、その事件の捉え方の問題にある〝ズレ〟のことを指します。バブルがとっくに崩壊しているのに「ジュリアナ東京」で夜ごとに盛り上がっていたサラリーマンとか、孫の就職環境はとっくに良くなっているのに「アベノミクス」の成果を実感できない団塊世代のおじいちゃんとか……。こういう人々が持っている「現実とは離れた景気認識」こそが、認知バイアスです。別の言い方をすれば、「少し前の時代状況に引きずられた誤解、誤認」だと言って差し支えありません。

安倍政権が誕生して早6年、アベノミクスは着実な成果を上げています。失業率は3％を切り、就業者数は２００万人近く増えました。民主党政権下の失業率は5％で、就業者数は30万人減でしたから、素晴らしいV字回復だったといえるでしょう。

また、国の財政状態も大幅に改善しました。日本の純債務は１００兆円足らずです。マスコミは債務総額の１０００兆円ばかりを問題にしますが、これは貸借対照表の意味がわからないド素人が、増税したい官僚の言い分をコピペしているだけなので無視してください。

日本の稼ぐ力、ＧＤＰは年間約５００兆円ですから、純債務のレベルは決して高いとは言えません。年収５００万円の人が１００万円の借金をしていたとして何が問題でしょう。実は、日本の財政再建もすでに終わってしまったのです。

とはいえ、ここまでアベノミクスは成果を出しているにもかかわらず、マスコミなどのインタビューでいまだに「アベノミクスの効果が実感できない」と言う人がいるのは事実です。彼らはなぜそう考えるのでしょうか。

「認知バイアス」を考察する

多くの人は不景気が終わってもそのトラウマから立ち直ることができません。そのときのインパクトのある悪い記憶に捕らわれているからです。そして、すでに目の前では景気回復が起こっているし、正しい経済政策はとっくに実施されているにもかかわらず、「いまだ不況が続いている」と誤解し続けるのです。

現在、野党やマスコミを中心としたまったくエビデンスに基づかないアベノミクス批判はこのようなメカニズムによるものです。まさに「認知バイアス」という言葉がぴったりくるのではないでしょうか。経済学者で上武大学教授の田中秀臣氏は次のように述べています。

例えば、大恐慌期を経験した世代は、経験しなかった世代に比べてリスク回避的な傾向が強いという実証分析もある（ウルリケ・マルメンディア&ステファン・ネーゲル「不況ベイビー：マクロ経済の経験はリスク行動に影響するか？」）。つまり「変化」に伴うリスクを避ける傾向が、不況を経験した世代の方が強く出るというのだ。

（出典：若者に変化を求めた関口宏の本心はやっぱり「安倍下ろし」だった　http://ironna.jp/article/6819?p=1）

こういう人たちは、まさに景況感の認知バイアスに捕らわれているのです。もちろん、反対の認知バイアスもあります。好景気から不景気になったバブル崩壊のとき、人々は景気の悪化になかなか気づきませんでした。日本のバブル景気は１９８９年の日銀による金融引締めで終止符が打たれました。

しかし、多くの人は不良債権問題が顕在化する１９９０年代末まで不景気の到来を実感しませんでした。バブルを象徴するディスコである「ジュリアナ東京」が１９９１年にオープンしたという事実がそれを象徴します。

１９９１年、株価のバブルはとっくに崩壊し、土地バブルも大蔵省の総量規制によって完全に終わった年です。銀行はこの年から不動産業者の延命をやめました。ところが、多くの人がバブル崩壊を実感したのは長銀、拓銀、山一が相次いで破綻《はたん》した１９９８年ごろではないでしょうか。当時はインターネットこそなかったものの、一応は情報化社会でした。

しかし、そんな現代においても人々の認知バイアスは概ね10年遅れだったのです。いわんや、室町時代、安土桃山時代においては……。

前作（『経済で読み解く 織田信長』）で指摘した通り、室町時代は基調的に貨幣量が不足しデフレ気味でした。貨幣は支那からの輸入品だったため、支那との交易が盛んになれば貨幣量が増加しますが、それ以外のときは、基本的に貨幣が不足ぎみだったからです。よって、この時代の人々は恒常的なデフレ不況の認知バイアスに捕らわれていたのではないかと思われます。

室町時代の日本は自国通貨を発行しておらず、貨幣は支那の銭貨（銅銭）、いわゆる「渡来銭」を使っていました。貿易をすれば貨幣量は増えますが、貿易をしないと貨幣量がまったく増加しないことになります。この状況は、織田信長や豊臣秀吉が活躍した安土桃山時代でも基本的には変わりませんでした。

しかし、「序章」でも指摘した通り、戦国大名たちは淘汰されることで大型化し、戦争は年を追うごとに大規模化していきます。それを支えるために補給のロジスティクスを整備した結果、日本全体の生産性が上がってしまったのです。市場はより多くの貨幣を求めますが、運が悪いことに銅銭の供給源だった支那が銅銭の使用をやめてしまいました。

では、そもそもなぜ支那は銅銭の鋳造をやめてしまったのでしょうか。もちろん、「銅山の枯渇」が最大の原因です。

しかし、ちょうど信長や秀吉が活躍する少し前あたりから支那を中心とした東アジアの貿易システムは大きな転換点を迎えていました。スペインやポルトガルによる航路開通と、支那の朝貢海禁体制の緩和です。それが支那の貨幣制度を大きく変える原因ともなりました。

第2章　東アジアの貿易メカニズム

I　支那の朝貢海禁体制

明との貿易は美味しかった!?

1368年に、明の洪武帝《こうぶてい》が支那を統一すると、積極的に周辺諸国に使節を派遣して交易を呼びかけました。明朝との交易はあくまでも「朝貢《ちょうこう》貿易」の体裁をとります。朝貢貿易とは、朝貢国が明朝に献上する進貢品と、その見返りとして与えられる下賜《かし》品《ひん》の交換によって成立する貿易体制のことです。

形式上は、「偉大なる明朝の皇帝陛下が下々の国にお恵みを下さる」という建前ですから5倍返しは当たり前でした。そういう美味しい条件ならと、多くの国が呼びかけに応じて明との貿易を始めるようになります。足利義満もその一人でした。

この朝貢貿易（日明貿易…筆者注）は、莫大な利益をもたらした。当時の貿易船は千石積み（100トン）前後の大きさであったが、従属国から宗主国への朝貢であるから、関税はなく、義満の使節やその随行者である商人の滞在費など、一切の費用は、明朝の負担であり、朝貢品にたいしては、賜与という名目で、価格以上の代価が支払われたうえ、携えてきた物資の交易すらみとめられたから、一回の渡行で、元本の五、六倍の利益があったとされている。

（出典：『永楽帝』寺田隆信／中公文庫）

明朝は朝貢貿易を許可する一方、朝貢貿易以外の勝手な取引は規制しました。そのため、明朝の貿易体制を「朝貢海禁体制」と呼びます。ただし、この〝海禁〟の部分には唯一抜け穴がありました。それは、「互市《ごし》」と呼ばれるフリーマーケットです。

互市とは、朝貢貿易でやってくる使節や随行の商人たちが「手荷物」として持ち込んだ商品を、現地の商人と自由に取引をするマーケットのことです。「互市」はあくまで「朝貢なくして互市なし（貢市一体）」という建前の下に開かれていました。しかし歴史が下るにつれて、朝貢よりもむしろ互市がメインになっていきました。

1550年代になると、ポルトガルなどの外国船が広東《カントン》で互市に参入することを許され、1557年にはマカオにポルトガルの貿易拠点が作られました。なぜ明朝皇帝は、この時期に朝貢によらない互市を認めるようになったのでしょうか。その理由は簡単です。密貿易があまりに活発になり過ぎて、公認して整理するしか対処のしようがなかったのです。

明朝が互市を公認する以前、朝貢貿易が儲かると聞きつけた日本やポルトガルを含む外国の海商たちは、勝手に船を出して支那大陸東南の沿岸地域に押し寄せました。そして、明の官憲の目を盗んで密貿易を始めたのです。寧波《ねいは》沖の双嶼《そうしょ》と呼ばれる島々はこういった密貿易の拠点となりました。

そして、あまりにもその貿易が盛んになり過ぎて、しまいにはポルトガル船が広東に堂々と入港するデタラメな状況が日常化しました。明の役人である市舶司《しはくし》は公式にはこれらを取り締まる立場にありましたが、その数が多すぎて事実上黙認するしかなかったのです。

実は、1550年代の「朝貢なし互市」はむしろ遅すぎた公認だったのです。現実は民間主導で、それよりもずっと先を行っていたということです。

ちなみに、日本の海商たちをこの密貿易ネットワークに引き入れたのは王直《おうちょく》という支那人貿易商でした。1543年に種子島に漂着した船が鉄砲を日本に伝えたと歴史の授業では習いますが、この船も王直の所有する貿易船でした。王直は日本人とポルトガル人との交易で巨万の富を得たと言われています。

しかし、明において密貿易はあくまでも犯罪ですから、王直は指名手配となります。そのため、王直は日本の平戸や五島福江にあった唐人町で逃亡生活を送っていました。

しかし、軍務総監の胡宗憲《こそうけん》の「出頭すれば罪に問わず、今後は貿易取引を公認する」という甘言《かんげん》に騙され、本当に帰国したところを騙し討ち的に処刑されてしまいました。

「貨幣制度」の変化

１５４７年、最後の遣明使が九州大名の大内氏によって派遣されました。それ以降はしばらくの間、日本と明は密貿易をお互いに黙認する形で関係を継続しました。ポルトガルとの互市は公認した明朝でしたが、当時アジア最強の軍事大国であった日本は警戒されていたようです。

王直は「日本と貿易を行うことを許していただきたい。日本各地の領主たちには自分が十分言い含め、二度と勝手な真似はさせるまい。（出典：『東アジア海域に漕ぎ出す１　海から見た歴史』羽田正編・小島毅監修／東京大学出版会）」と弁明したといいます。明朝は日本と交渉するための大きなカードを誤った判断で失ってしまったといえるでしょう。

豊臣秀吉は明朝と公式の外交ルートを開こうとしましたが失敗して、結果的には朝鮮での日明間の軍事衝突に発展してしまいました。結局、日本と明が公式な外交関係を樹立するのは徳川家康が天下を取った後です。

そのため、信長や秀吉が活躍していた時代は、日明間の貿易は「国家によって管理されていない無秩序状態」、別の言葉で言えば「密貿易による自由貿易状態」だったということになります。もちろん、日明間の貿易は公式には禁止されていますから、その禁を破ることには当然大きなリスクがつきまといます。官憲に拿捕《だほ》される可能性もありますし、王直のように処刑されてしまう可能性もあります。

しかし、それでも日本と明の両国にはそんなリスクを顧みず貿易に精を出す海商たちがたくさんいました。それほどこの貿易が莫大な利益を生んだということです。

朝貢貿易なら5倍返しは当たり前ですが、なぜ密貿易がそれほど儲かるのか。実は、その理由は明の「貨幣制度の変化」にあります。

こうした無政府状態において、人びとは商売上のトラブルに実力行使をいとわず、また困窮すれば上陸して略奪行為をはたらいた。なかには、海上で出会った官軍の巡視船を拿捕し、身代金をせしめたというような話もある。

　こうした武装勢力が成長し、やがて一五五〇年代にはピークを迎え、海を越えた商業ネットワークが形成されていくのであるが、その触媒の役割を果たしたのが日本銀である。


（出典：前掲書）


　十六世紀の支那沿岸部では、綿花・麻などの商品作物や、生糸・絹織物といった手工業製品の生産が急増し、都市が成長して商業活動が活発化していました。日本から銀を持ち込めば、こういった手工業製品を大量に購入することができました。

　日本の石見銀山では１５３３年以降、灰吹法《はいふきほう》によって大量の銀が産出するようになりました。しかも、灰吹法は全国の銀山に伝えられ、日本全体の銀の生産量は大幅に増えました。しかし、十六世紀前半において日本国内の銀は贈答用の貴金属としては使われても、貨幣としてはあまり使われていませんでした。世の中はいまだに銅銭メインの貨幣制度が幅を利かせていたのです。

　ところが支那に銀を持っていけば、生糸や陶磁器などと交換することが可能です。

しかも当時の為替レートで換算すると、支那における銀の価値は日本の約1・5倍でした。

十六世紀末において、ヨーロッパでは金と銀の比価が一対一二、日本では一対一〇前後だったのに対し、中国では一対七前後であり、膨大な外国銀の流入にもかかわらず、なお銀の価値がかなり高かった。このため銀の購買力が大きい中国に日本銀や新大陸の銀を運び、その代わりに中国商品を海外市場に輸出すれば、その利益率はいっそう高くなったのである。

（出典：前掲書）

つまり、銀を支那に運ぶだけで日本の1・5倍の産品を調達可能だったわけです。これを持ち帰って日本で販売し、再び銀を入手して支那に運べばまたもや1・5倍の産品を調達可能です。まさに、倍々ゲームに近い楽勝ビジネスだったのです。これなら、官憲に拿捕されるリスクを冒してでも、貿易に精を出す人がいて不思議ではありません。

このころ、支那では銅銭に代わって銀貨が貨幣として流通し始めていたのです。そして、銀貨の普及に多大なる貢献をしたのは日本からの銀流入です。当初沿岸部だけだった支那の銀貨決済は、瞬く間に支那全土に広がったといいます。有体《ありてい》にいえば、当初は日本の銀が支那経済を支えていたということになります。

日本には大量の銀が、そして支那には大量の手工業製品があり、それが交換できることはまさに渡りに船でした。だからこそ、海商たちはこの貿易取引が莫大な利益を生むことにいち早く気づき、権力者の伺い知らぬところで頻繁に貿易取引を行ったのです。

十六世紀後半の「国際貿易ネットワーク」

1571年にはスペインによってマニラ市が建設されています。マニラ市の建設によりメキシコのアカプルコとフィリピンのマニラの間に航路が開かれ、定期便が行き来するようになります。支那の絹織物はマニラに大量に輸出され、そこから海を越えてメキシコに運ばれました。

そのとき、代金として支払われた銀は、メキシコのポトシ銀山で採掘されたものです。なんと日本からの銀流入だけでなく、アメリカ大陸からの銀までが支那に流入し始めたのです。

しかも、こちらの流れにもうひとつ支流がありました。支那はポルトガル海商にも大量の絹織物を販売し、それらはヨーロッパに運ばれていきました。その取引の代金も銀で受け取っていますが、この銀ももともとはメキシコで掘り出され、大西洋を渡ってヨーロッパに運ばれたものでした。

つまり、十六世紀後半には支那を中心としていた巨大な貿易ネットワークが構築されていたということです。主に絹織物などの手工業製品が支那から世界各国に輸出され、支那には世界中から銀が集まってきたのです。

ここまで見てきた通り、銀が支那に流入するルートは主に3つです。

① 日本から密貿易によってもたらされるルート
② スペインの定期船でメキシコから運ばれるルート
③ メキシコ産の銀がヨーロッパ経由でポルトガル船によって支那に持ち込まれるルート

そして、このような銀の流入をもたらしていたのは先ほど指摘した支那の銀レートの異常な高騰でした。しかも、支那には手工業品、特に絹織物があふれていたのでこれを買いあさる日本人、ポルトガル人、スペイン人などがたくさんいたわけです。

支那の安くて品質の良い生糸が大量に販売されたため、スペインのグラナダの絹織物業者が失業する。グローバリズムの進展は何も現代の話ではなく、十六世紀後半からあった話だったのです。

十六世紀末のペルーでは、夫が妻の服を仕立てるのに、スペイン産の絹を使えば二〇〇ペソ以上かかったが、中国産の絹を使えば二五ペソですんだという。ペルーの首都リマの市民は、みな上質で高価な絹をまとい、リマの夫人が着る絹のドレスは、世界中のどこよりも豊富だと言われた。スペイン王フェリペ二世は、ポトシなどのペルー・メキシコ産の銀の流出を防ぐために、たびたび中国商品の輸入制限令を発したが、いっこうに効果はなかったようである。

（出典：前掲書）

支那の絹製品が世界を席巻する裏で、世界中の銀が支那を目指して移動していました。そして、この大量の銀の流入は「貨幣量の増大」を意味します。

支那沿岸部の好景気

前述した通り、貨幣量の増加は生産量の増加を招きます。実は、銀の流入と明の手工業品の生産量の増加はある種の正のフィードバックでした。「お金が入るから生産を増やす」→「生産が増えるから貨幣需要が増える」……。まさに、支那経済は空前の好況となるのです。

明では、この時期に「銀貨優位」が確定しました。これは支那経済にとって画期的なことでした。なぜなら、明は1368年に成立した直後から、銅山の枯渇による「銅銭不足」が如何《いかん》ともしがたい状況だったからです。慢性的な銅銭の不足は、経済の停滞を招きます。

当初、明朝は銅をかき集めて銭貨を鋳造しましたが、旺盛な貨幣需要に応えることはできません。そこで、前王朝の元朝をまねて、1374年に「大明宝鈔《だいみんほうしょう》」という紙幣を発行しました。この紙幣はいわゆる不換紙幣で、金、銀、銅との兌換《だかん》ができません。政府の信用だけで流通しているお金という点で、現代的な意味での紙幣とまったく変わらないものでした。これは貨幣史的にも画期的な政策だと思います。

ところが、明朝は当初設定した鈔《しょう》の名目価値にこだわり、経済成長に合わせて鈔の発行量を増やすという適切な金融政策を行えませんでした。その結果、十五世紀は景気が低迷して国防力が低下し、1449年には「土木堡《どぼくほ》の変」で正統帝がオイラート族の捕虜になるという大失態まで演じます。もはや明朝の経済は終わりか——と思われたそのとき！　前述の通り、日本からの銀が大量に流入したのです‼

不足する銅銭、硬直的な金融引締めによって不足した「大明宝鈔」より、巷《ちまた》にあふれる「銀」のほうが貨幣として圧倒的に利便性が高く、安定していました。特に、日本からの銀が大量に流入する沿岸部の密貿易地域には貨幣として流通するのに必要なストックが生じました。そして、それが瞬く間に支那全土に広がったのです。

その結果、支那の沿岸部を中心に手工業が盛んになり、生産量が増大して空前の好況がやってきたというわけです。

IS-MP曲線

お金の量が増えると生産が増える——。このことは、「IS-MP曲線」によっても説明することが可能です。次頁の〈図表4〉をご覧ください。

図表４　なぜ異次元緩和（非伝統的金融政策）は機能するのか？

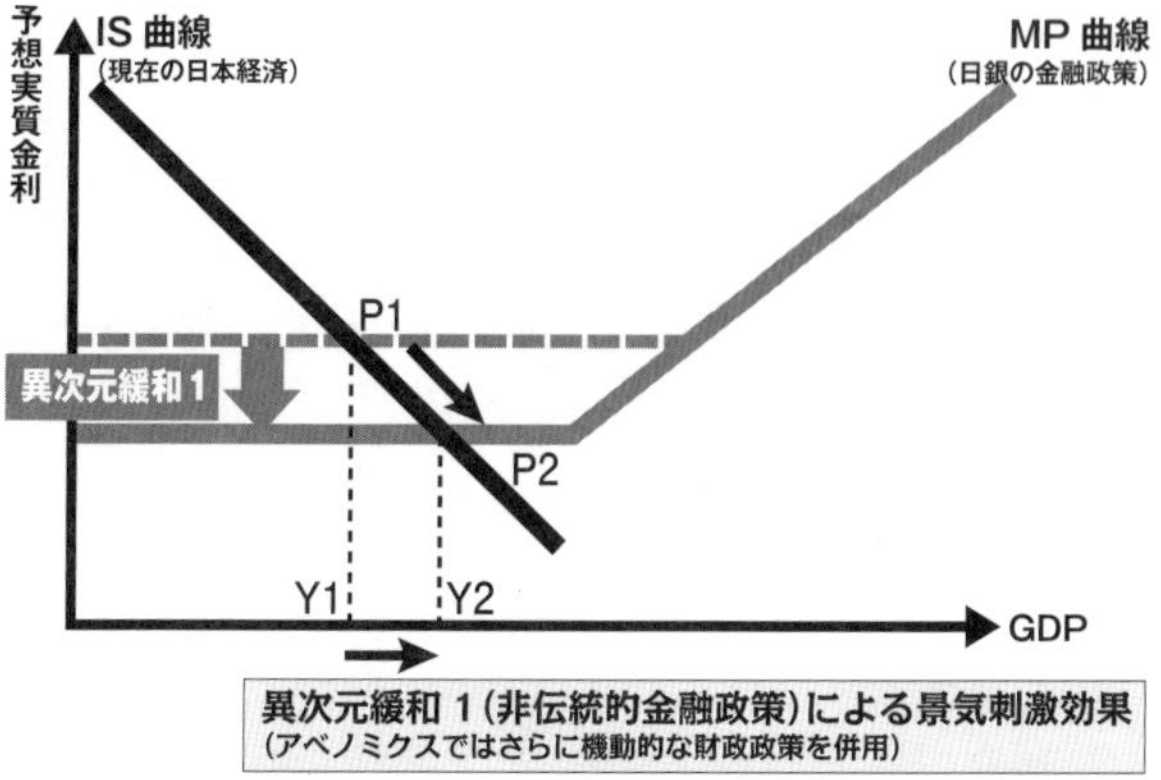

出典：なぜリフレ派は消費増税に反対なのか？（矢野浩一／応用統計学）https://synodos.jp/economy/11976

途中で折れ曲がって右肩上がりになる線がＭＰ曲線です。これは金融政策を表す曲線でお金を大量に発行すると予想実質金利が下がるため下方向にシフトします。途中で折れ曲がっているのは、名目金利がゼロ以下にはならないという「ゼロ下制約」を示しています。

右肩下がりの線はＩＳ曲線といって、実体経済を示す曲線です。お金が大量に発行され、ＭＰ曲線が下方向にシフトすると、ＩＳ曲線との交点がシフトします。

この図で言えば、交点がＰ１からＰ２にシフトしています。その際、ＧＤＰはＹ１からＹ２へとシフトしています。

つまり、銀貨の大量流入は貨幣量の増加を意味し、その国ＧＤＰの増加要因となるわけです。ＧＤＰは三面等価なので、生産、支出

（消費と投資）、分配（所得）が合わせて増加することになります。

正確に言うと、お金の量が物理的に増えなくても、それが増えそうだという人々の予想が高まるだけでＭＰ曲線は下方向にシフトします。

例えば、２０１３年４月から実施された日銀の異次元緩和はまさにそれでした。黒《くろ》田《だ》東彦《はるひこ》総裁は大量の国債買い入れを宣言したため、将来的にお金の量が増加することを予想する人が増え、日本のＧＤＰは成長しました。

もちろん、その予想を裏切って金融引締めに走ればたちまちＭＰ曲線は上方向にシフトしてしまいます。金融政策がコミットメントによって支えられているというのはこういうことです。

誤解を恐れずもっと単純化すれば、お金の量が増加すれば、相対的にモノの量が不足し、価格が上昇します。そして、価格が上昇すれば、それは生産者に生産を増やすためのインセンティブを与えるのです。考えてみれば当たり前の話です。

そして、生産量が増加すれば、それに伴って取引量も増加します。取引が活発になればなるほど、貨幣需要も増加します。もしここで追加の貨幣量の増加がなければ、経済は成長を止めてしまいます。逆に、追加的な貨幣の増加が継続的に続く場合、経済は爆発的に成長することになります。

Ⅱ　国際貿易体制の変化に苦しむ日本

日本経済が危機的状況に

簡単に状況を整理しておきましょう。それまで支那からの渡来銭によって銅銭を中心とした貨幣制度は支えられ、日本の貨幣経済は拡大してきました。ところが、前述の通り支那が銀貨をメインとする貨幣制度に大きくシフトした結果、銅銭の供給が止まってしまいました。

このようなダイナミックな国際貿易体制の変化は、織田信長と豊臣秀吉が活躍した十六世紀後半の日本経済にどんな影響を与えたでしょうか。銅銭を中心としたそれまでの日本経済が、「銅銭の輸入途絶」という危機に直面して大きく動揺するのは容易に想像できることです。歴史学者の川戸貴史氏は次のように述べています。

1460年代になると路次《ろじ》物騒の頻発により京都へ向かう商品の減少が始まっていたが、それは地方へ拡散する銭貨の減少を表裏一体とする。また応仁・文明の乱による人口の拡散と地方経済の興隆によって、各地の市場では銭貨需要が相対的に高まったことが考えられ、銭貨の追加供給が必要となる。

ところが、それぞれの地域市場において独自の貨幣発行機能を持っていない場合、大局的には銭貨不足に陥ることが予想される。黒田明伸氏によれば、少額貨幣である銭貨は退蔵される傾向が強く、絶え間ない追加供給がなければすぐさま銭貨不足に陥る性質を有するという。〈中略〉

その結果市場の選択する対応は銭貨の独自供給であったと考えることは容易だろう。文献史料ではその兆候を探り出すことは困難であるが、堺における鋳型の発掘や、東北における輪銭の大量発掘など、考古資料においては一五世紀後半ごろから各地において私鋳の痕跡が頻出する事実はよく知られている。そのピークは一六世紀後半であるが、発掘事例の増加傾向が一五世紀後半ごろに見られる点を重視するのである。

（出典：『戦国期の貨幣と経済』川戸貴史／吉川弘文館）

この引用部分が当時の状況をすべて説明しています。貨幣不足を解消するために、地域市場では独自貨幣を鋳造する動きがありました。とりあえず貨幣が足らないので、たくさん作って取引に使おうというわけです。１００年ほど時代は下りますが、徳川幕府の勘定奉行、荻原重秀の名言があります。

「たとえ瓦礫《がれき》のごときものなりとも、これに官府の捺印《なついん》を施し民間に通用せしめなば、すなわち貨幣となるは当然なり」

貨幣とは、みんながその価値を認めて流通すればどんなものでも貨幣になり得るのです。かつて、それは支那から渡来した銅銭でした。日本において銅銭は民間で決済手段として勝手に普及していき、後日、公儀がそれを納税に使うことを許し公認しました。まさに最初は無価値だった外国のお金が、「官府の捺印」によって貨幣になったわけです。

例えば、支那では銅銭が廃《すた》れ、その後普及した銀貨もまったくこれと同じです。時代はずっと下って明治維新以降、日本では紙の貨幣が登場し流通しましたが、これも「官府の捺印」による紙の貨幣化です。

現代においてお金はほとんど電子データとして存在し、最近ではブロックチェーンなどの技術によって管理者すら存在しないプログラム（いわゆる「仮想通貨」）へとその形状を変えようとしています。ただし、さすがにいまの仮想通貨は「官府の捺印」がないために様々なトラブルに見舞われています。

「貨幣制度」改革

さて、仮に瓦礫であろうと私鋳銭《しちゅうせん》であろうと電子データであろうと、「これに官府の捺印を施し民間に通用せしめなば」それは立派なお金なのです。ただし、問題は戦国時代においては室町幕府がグダグダで「官府の捺印」の効力が非常に怪しくなってしまったことです。

しかも、応仁の乱以降、京都から人々が地方に疎開し、地域経済が発達しました。経済発展は貨幣への需要を生みます。

ところが、支那からの貨幣の輸入も途絶えがち。こうなったら自分で作るしかない――。そう考える人がたくさん出てきて当然です。そして、それが地域ごとの貨幣のローカルルールを生んでしまうのです。

こういう状況を理解し、貨幣制度改革を進めようとしていたのは何と織田信長でした。実は、信長の行った政策を丁寧に見ていくと、どうも信長はその重要性について気づいていた可能性が高いと判断せざるを得ません。

日銀の政策研究レポートによれば、それは次のようにまとめられています。

中国福建《ふっけん》からの銭貨流入が不足を来たし始めた状況にあって、銭貨流通の停滞に伴う経済状況の混乱に危惧《きぐ》の念を抱いた織田信長は、永禄12（1569）年2月に「定精選条々」という撰銭令を発し、悪貨1枚を精銭1枚に対して、2分の1、5分の1、10分の1の価値比率にそれぞれ分類して活用するように命じている。銭貨流通量の絶対的不足という現状に、悪貨を可能な限り利用することで対処するものであって、信長の為政者としての経済感覚の確かさを示している。

さらに信長は、この撰銭令の補足として同年3月に発した「精撰追加条々」において、米の貨幣的取扱いの禁止、高価商品の売買における金銀使用を命じている。このうち、米による物品売買の禁止については、当時の西日本における銭貨の使用度合いの低下、それに代わる米の貨幣的使用を見据え、それを予防的に禁止したものと考えられる。すなわち信長は、需給バランス等の要因により価値が変化する米を物品貨幣として管理するのは困難であると判断し、経済活動の長期安定を図るためには銭貨を管理することが不可欠であると考えたのであろう。

（出典：『江戸期三貨制度の萌芽――中世から近世への貨幣経済の連続性』西川裕一／日本銀行金融研究所／金融研究／1999．9）

私は前作（『経済で読み解く 織田信長』）で、「信長は結局、銅銭中心の貨幣制度を追認してしまい、大した実績を上げることはできなかった」と述べました。もちろん、歴史的な事実として、信長はこの時期の貨幣制度の混乱を収拾できませんでした。信長は問題点を理解していても、その解決策を推し進める前に死んでしまったので仕方のない話です。

しかし、信長の問題解決へ向けたアプローチの方向性は極めて正しかったと言わざるを得ません。特に、米の物品貨幣としての使用禁止を秀吉が引き継いでいれば、江戸時代を待たずして「（明治）維新」が起こっていたかもしれませんでした。

信長の貨幣制度改革のアイデアの大部分は秀吉に引き継がれましたが、残念ながらそれはあくまで大部分であって、すべてではなかったのです。

貨幣のローカルルール

信長が活躍する以前から、日本の貨幣制度は混乱しており、各地ではそれを解決するための様々なローカルルールが生まれていました。

例えば、支那との密貿易を盛んに行っていた西国大名たちは、早々に銀の貨幣化に手をつけています。

最後の遣明使を送った大内氏は、十五世紀後半から朝貢貿易とは別に、琉球を中継地として支那と間接密貿易を行いました。十六世紀中頃に明との国交が途絶えると、大内氏は島津氏と連携し、直接福建方面に船を出して密貿易に励みます。主な輸出品は九州で産出する硫黄でした。大内氏はそれと引き換えに陶磁器類や銀を持ち帰ったと言われています。

そのおかげで当時のワールド・スタンダードである銀決済にいち早く接触したのが、九州地方でした。信長が上洛する頃には、九州において銀は決済手段として急速に普及していたといいます。

ちなみに、京都で銀決済が始まるのは1570年前後と言われているので、概ね20

年ぐらい時代の先を行っていたことになります。

興味深いことに、大友氏の領地には大きな銀山がありませんでした。ところが、銀の産地である石見を版図に収める毛利氏と銀貨の使用開始時期に大差がないそうです。当時九州の大名たちは密貿易によって貨幣として流通させられるほどの膨大な銀ストックを生み出したということです。

これに対して、甲斐の国では黒川金山開発によって大量の金が産出されたために、他の東国諸国と違い金貨を中心とした貨幣制度が成立していました。古文書によれば、「他国から甲斐国へ入る富士参道の導者が武田氏によって使用を禁止されている悪銭や『新銭』を持ち込み、賽銭《さいせん》として投げ入れる事態が問題となっており、その対策として参詣口《さんけいぐち》に奉行を置いてチェックを行うよう定めた（出典：『戦国期の貨幣と経済』川戸貴史／吉川弘文館）との記述もあるそうです。

これに対して、他の東国諸国では銅銭のなかでも永楽銭を中心とした貨幣制度が構築されていました。永楽銭とは、明の永楽帝が１４１１年に鋳造を始めた銅銭のことで、足利義政によって大量に日本に輸入されました。

実は、京都など他の地域では永楽銭はむしろ悪銭として知られていたのですが、なぜか東国では「基軸通貨」になっていたのです。伊勢商人が相模の後北条氏の領地まで太平洋海運貿易でこの銭貨を大量に伝えたのがその原因と言われています。

おそらくそれが大量のストックを生み、基軸通貨として流通するに足る量になったのでしょう。しかも、永楽銭は北条氏の支配地域を越えて北関東から上越方面まで普及していきました。

「ビットコイン」と同じインセンティブ体系

とはいえ、貿易取引で得られる永楽銭には限りがあります。使用地域が広がることで永楽銭はすぐに不足してしまいました。そのため、すぐに永楽銭と他の銭貨を交換するための「為替レート」が設定されました。こうすることで、永楽銭以外のすべての銭貨が永楽銭とリンクされ貨幣量を増大させることができるのです。

主な為替レートは金1枚＝永楽銭20貫文、永楽銭1文＝鐚銭3文というものでした。これで鐚銭も3枚あれば永楽銭1枚に相当し、貨幣として使用できるようになります。こうなれば俄然、私鋳銭を作る人たちも安心して鐚銭作りに励むことができます。

これって何かに似ていませんか？　そうです。ビットコインのマイニングとまったく同じインセンティブ体系なのです。もし、気づいた人がいたら相当鋭いですね。

ビットコインは、一定期間ごとに、すべての取引記録を取引台帳に追記します。その追記の処理には、ネットワーク上に分散されて保存されている取引台帳のデータと、追記の対象期間に発生したすべての取引のデータの整合性を取りながら正確に記録することが求められます。

その整合性を取る作業はコンピューターによる計算で実現できるのですが、膨大な計算量が必要となります。〈中略〉

この追記作業の手伝いをしてくれた人、追記作業のために膨大な計算処理をし、結果として追記処理を成功させた人には、その見返りとしてビットコインが支払われます。つまり、追記作業を手伝ってビットコイン全体が健全に運用されるようにがんばってくれたことへの報酬として、ビットコインが支払われるのです。

（出典：ビットコイン（Bitcoin）とは？　https://bitflyer.jp/ja-jp/bitcoinmining）

永楽銭と鐚銭の間に固定レートが設定されることによって、鐚銭の製造業者は流通を保証されました。鐚銭を作っても受け取ってもらえない可能性が減るわけですから安心して鋳造に励めます。それはもはや贋金《にせがね》ではなく、本物のお金の鋳造と変わりません。

しかも、貨幣不足に直面している地域経済にとっては、私鋳銭業者はいい業者です。なぜなら、多大なコストを払って勝手に貨幣供給を増やしてくれるわけですから。

おかげで永楽銭を基軸とした貨幣制度内の貨幣量は増加し、そのことで永楽銭、および永楽銭リンク銭貨の利便性が高まります。利便性が高まれば、人々はその銭貨をたくさん使います。たくさん使えば流通量が増えます。流通量の増加は、永楽銭を中心とした「貨幣制度の信用」が高まることとイコールです。

贋金製造業者が作った鐚銭のおかげで、永楽銭を基軸とした貨幣制度の信用が高まるというのは大変皮肉なことです。しかし、鐚銭を公認するメリットとは意外なところにあるのです。

ビットコインのマイニングは膨大な取引記録追記作業のお手伝いです。これはビットコインの持ち主が真正な所有者であることを証明するために不可欠な作業ですから、そのご褒美に新しいビットコインがもらえます。貨幣制度の信用を高めることで利益を得る。この点で、鐚銭を作っている私鋳銭業者と、まったく同じインセンティブ体系にあると言えるのではないでしょうか。

ところが、各地で貨幣のローカルルールが確立していくことには大きな問題がありました。

例えば、永楽銭は関東では基軸通貨ですが、他の地方では鐚銭扱いです。同じ銅銭でも、各地のローカルルールによって価値が変わってしまいます。昔のヨーロッパのようにマルクとか、フランとか、リラとか通貨単位が違えばまだ為替レートもわかりやすいのですが、当時の日本の場合は全部銅銭でした。

同じ銅銭でも破損や腐食の程度によって各地域が勝手に価値を決めてしまうので、遠隔地間で取引をする際には大きな問題となります。

中世において受領した銭貨をチェックして基準を満たさない粗悪銭を排除するという慣行はずっとありました。この慣行を「撰銭」といいます。現代的な言い方をすれば「偽札排除」です。

ところが、ローカルルールがあまりにも強く浸透してしまうと、他の地域では正当な銭貨として通用しているものが、自分の住んでいる地域では通用しないという問題を生みます。

歴史教科書においては、室町時代から戦国時代にかけて撰銭を禁止する撰銭令はたびたび発布されたとされますが、実際にはその地域の権力者が通用する銭貨の統一基準を示しただけです。ところが、その統一基準はあまり守られることはありませんでした。

実際に取引するプレイヤーたちのコンセンサスのほうが、権力者が勝手に押しつける基準よりずっと強かったということです。

悪銭売買の専門業者「悪銭替」

また、この時代にはこの状況を利用して儲けを狙う業者まで登場します。それは、「悪銭替」と呼ばれる悪銭売買を専門とする業者です。彼らは、ある地域で悪銭を安値で買い取り、それを別の地域で売りさばいていました。

買い取った悪銭は確かにその地域のローカルルールでは価値が低いのですが、別の地域では高い価値を認められるものもあります。悪銭替は情報力を駆使して、鞘《さや》抜きビジネスをしていたのです。

現代的に言えば、これは「裁定取引（アービトラージ）」であり、悪銭替は通貨を主な投資対象とするヘッジファンドのような存在だったと言えます。日本人の金融リテラシーはこれほど高かったのです。

しかし、遠隔地に領地を持っている荘園主や大名にとって、撰銭基準のローカル化は深刻な問題です。例えば、本願寺は北陸地方にたくさんの荘園を持っており、総本山である石山本願寺との間で勧進《かんじん》・懇志《こんし》・年貢等が頻繁にやり取りされていました。『天文日記』には、畿内の本願寺拠点寺院と加賀など北陸方面の遠隔地からのやり取りが記録されています。

そのなかで、加賀国から本願寺への送進において、為替が利用されているとの記録が多数存在します。例えば、同国江沼郡から勧進420貫文のうち、100貫文が「かわし（為替）」だったという記述などです。

本願寺第十世宗主だった証如《しょうにょ》は1547年11月に「加賀の四講から65貫文の懇志を受け取る際に、為替での送進を希望したにもかかわらず現物で送ってきたので仕方なく受領した」との記録があります。なぜ現銭でなく為替を希望したのでしょうか。

前掲書で川戸氏は、現銭輸送には盗賊に狙われやすいなど輸送上の安全性に問題があったものの、逆に為替にも一定程度の手数料がかかるため「コストとリスクの両面において大きな差異はなかったと捉えるべきものと考えられる」と述べています。

だとすると、はやり為替を選好する理由は、撰銭の手間が半端なかったということになるのではないでしょうか。

銭貨流通秩序の地域間格差の存在を指摘してきたが、『天文日記』の中にも「国之料足」という文言のある点が注目される。この文言は自らの居住地域とは異なる「国」という意識を含意するものと捉えられることから、地域間での銭貨流通秩序の際の存在を示唆するものであろう。このような事態が一六世紀には広がっていたため、隔地間の年貢等送進においては、「国」の現銭ではなく、畿内近郊商人が振り出した為替の使用を希求し、畿内近郊での現銭の受領を望んだものと考えられよう。

（出典：『戦国期の貨幣と経済』川戸貴史／吉川弘文館）

東国では公認されている私鋳銭も西国では無価値になったり、またその反対もあったりして遠隔地間の決済にも支障をきたしていた様子がよくわかります。

このように銅銭の実物の価値がローカルルールによってバラバラになってしまったために、実体経済は新たな「基軸通貨」を模索し始めました。

金貨と銀貨

そこで注目されるのが、「金貨」です。前出の『天文日記』によれば本願寺においては１５３６年、米の確保のために代金を銭貨で送金するのは面倒なので、金貨20枚を使者の下間頼順《しもつまらいじゅん》に渡したというのが初見だそうです。金貨20枚は２００両に相当します。おそらく、金貨を送って、現地で銭貨に交換して米を買ったのではないでしょうか。

『天文日記』には全部で15の金送進事例があり、遠隔地からの送進に金が使われる傾向が見て取れます。とはいえ、川戸氏の分析によれば、本願寺においては「為替での納入を最上とし、現銭が次善であり、金をそれほど珍重していたわけではなかった（前掲書）」とのことです。

十六世紀前半において、金貨はあくまでも商品の一種であり売却して銭貨に替えないと貨幣としては使えませんでした。これは銀貨についても同様です。金貨と銀貨は贈答用の商品としては十五世紀末から普及していたようですが、あくまで商品であって貨幣ではないという認識が強かったからです。

とはいえ、撰銭が酷すぎて金銀を活用する人が増えていくことで、金銀の貨幣化の前提条件がひとつ整ったのは確実です。川戸氏はこの点について次のように述べています。

中世における銭貨流通秩序の形成は、荘園制収取を背景とする遠隔地間の財の移動が拡大したことと不可分であった。遠隔地間における財の移動手段（送金手段）は銭貨をその代表としつつも、簡便化が追及されるなどの背景によって、為替の発達も促すこととなった。

しかし、十五世紀後半以降における隔地間流通の停滞に伴い、送金手段にも変化が訪れることとなった。各地において隔地間を移動する商人によって担われた為替の入手に困難を来すようになり、その代用手段が求められることにより、すでに贈答品としての地位を得ていた金や銀がクローズアップされたのである。

一方、そもそも利便性に難がある上、銭貨流通秩序の変容によって地域を越えて一律的なものではなく「地域性」が認められるようになったことで、隔地間を移動する際のトラブルが懸念されたため、為替から銭貨利用への「逆コース」は起こらなかった。

さらには、このような銭貨流通の実態に反映されて、十六世紀後半には大名権力の収取対象も銭貨から金・銀へ転換する事態が表れるようになった。その時期はおよそ一五七〇年前後と考えられ、京都における銀の貨幣使用が普及したとされる時期と大きな時間差のないことがわかる。

（出典：前掲書）

まさに、信長が足利義昭との関係を悪化させているころ、日本の貨幣制度は大転換していたことになります。銅銭を基軸とした貨幣制度は揺らぎ、新たな貨幣制度として、金貨、銀貨が急速に普及していたのです。

動揺を収める5つの方法

国際通貨研究所上席研究員の松井謙一郎氏によれば、貨幣制度の動揺を収めるために、対応する方法は次の5つしかないそうです。

①固定交換レートによるリンクを放棄して交換レートは市場実勢に委ねる

②強制的に良貨の流通を廃止、悪貨のみの流通に切り替え
③悪貨に対して強力な裏付けをつけて信用の回復を図る
④悪貨を強制的に廃止して良貨のみの流通に切り替える
⑤他の種類の悪貨を流通させて事態の改善を図る
（出典：『グレシャムの法則から見た貨幣・通貨制度の歴史』松井謙一郎プレゼンテーション資料より　https://www.jsie.jp/kanto/pdf/2006/matsui.ppt）

これを十六世紀後半の状況に当てはめてみましょう。

①固定交換レートによるリンクを放棄して交換レートは市場実勢に委ねる
↓信長の撰銭令は実勢レートの追認だったと見ればこれにあたる。ただし、正貨の基準に開きがあるので、ある地域にとって貨幣量の増加でも別の地域にとって貨幣量の減少になっていた可能性もある。実際に効果もあまりなかった。

②強制的に良貨の流通を廃止、悪貨のみの流通に切り替え
↓永楽銭そのものは枚数不足で実体としてあまり存在せず、「東国レート」で鐚銭

の流通を追認したことは事実上この措置と同じとも言える。

③悪貨に対して強力な裏付けをつけて信用の回復を図る

↓江戸時代になって導入される金、銀、銅の三貨制度がまさにこれにあたる。銅銭は金貨との固定レートを設定されることで価値が安定した。秀吉が進めるべき政策はこれだった。

④悪貨を強制的に廃止して良貨のみの流通に切り替える

↓各地で行われた撰銭がまさにこれ。しかし、問題は良貨の定義が地域ごとにバラバラだったうえに、撰銭によって一定量の銭貨の価値が切り下げられるとデフレになるリスクもあった。

⑤他の種類の悪貨を流通させて事態の改善を図る

↓甲斐の金貨、九州の銀貨、京都周辺の米（物品貨幣）による取引がこれにあたる。金銀は一般的には良貨と言われているのでややこのパターンからは外れる。米は金属貨幣以上に劣化が進むという点では悪貨だったと言えるのではないか。

室町幕府が機能不全に陥り、信長もまだ全国を統一できずにいる状態では、地域ごとに貨幣価値の安定策を講じるしかありませんでした。秀吉が天下を統一することによって、やっと日本全体でこの問題を解決するための基盤ができたと言えるでしょう。ところが、秀吉の貨幣価値安定化政策は現時点の問題を解決するためには有効でしたが、将来的に大きな禍根を残しました。

なぜなら、それは金属貨幣である金貨、銀貨への基軸のシフトではなく、高額決済には金貨、銀貨を使いつつ、年貢や少額貨幣には米を「物品貨幣」として使うことを容認するものだったからです。

「物品貨幣」の復活と衰退

物品貨幣による取引は日本が銭貨不足になるたびに復活していたようです。特に十世紀から約200年程度はむしろ物品貨幣がメインだった時代もありました。

十世紀の銭貨発行（皇朝十二銭のこと…筆者注）を最後として銭貨流通が途絶えると、

図表5　京都妙心寺文書「納下帳」にみる貨幣使用

	米		銭		比率	
	件数(件)	禄額(石)	件数(件)	禄額(文)	米(%)	銭(%)
元亀元年（1570）	33	2.527	68	7,305	32.7	67.3
2年（1571）	151	26.669	1	20	99.3	0.7
天正2年（1574）	104	21.173	0	0	100.0	0
3年（1575）	164	37.958	0	0	100.0	0
8年（1580）	94	27.233	8	5,030	92.2	7.8
9年（1581）	238	61.284	28	50,366	89.5	10.5
10年（1582）	191	42.511	12	10,350	94.1	5.9
11年（1583）	119	44.304	64	25,125	65.0	35.0
12年（1584）	173	40.219	41	15,443	80.8	19.2
13年（1585）	119	43.277	64	36,056	65.0	35.0
14年（1586）	288	76.991	139	67,523	67.4	32.6
15年（1587）	58	18.573	29	3,989	66.7	33.3
16年（1588）	163	29.0172	163	37,430	50.0	50.0

注）天正9年～14年は1～12月、元亀元年、天正2年、天正8年は8～12月、元亀2年、天正3年は1～7月、天正15年は2月および5～7月、天正16年は3～7月を集計
出典：日本銀行金融研究所／金融研究／1997.6
https://www.imes.boj.or.jp/japanese/zenbun97/kk16-2-2.pdf

価値が安定した米や絹・布（麻布）が銭貨の代わりに貨幣として使われた。これらは、モノの値段をあらわす安定的な価値基準として、銭貨に代わる貨幣としての役割を果たした。

米や絹・布（麻布）は持ち運びが不便だったことから、省力化のため信用取引が行われるようになった。中央の役所は、所管の倉などに支払いを命じた書類を出し、それが現在の小切手のような役割を果たした。

（出典：日銀貨幣博物館HP　https://www.imes.boj.or.jp/cm/history/content/#Ancient）

特に信長、秀吉が活躍した時期は京都を

中心としたエリアでは銭貨の使用が停滞し、むしろ米を物品貨幣として行う取引が盛んであったといいます。

銭貨を基軸とした貨幣制度への信頼が大きく揺らいでいたからでしょう。京都妙心寺の「納下帳」によれば、京都で銀決済が始まった1570年以降も、概ね収入全体の3割〜5割程度が米による決済（前頁の図表5参照）でした。

また、物品貨幣のほかにも「割符」と呼ばれる手形も使用されています。これは遠隔地に送金する際に使われたものですが、額面が銭貨で十貫文のものが多く実質的には現在の紙幣のように不特定多数の人々の間を流通したと言われています。

ただ、割符はあくまで銭貨を基軸とした制度の延長線上にありますので、カテゴリー的には銭貨ということで問題ないかと思います。

「天正長大判」の登場

さて、ここで十六世紀後半の貨幣制度について、いったん整理しておきましょう。

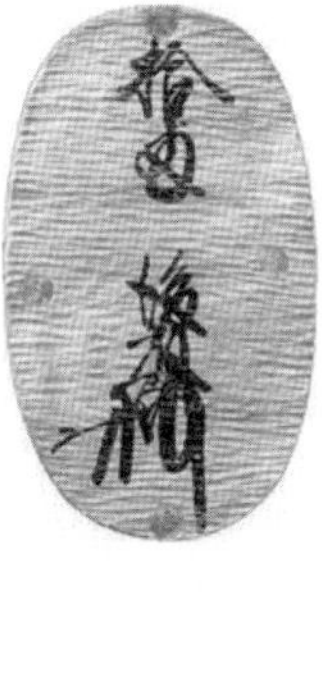

天正長大判
（写真出所：日本銀行金融研究所）

図表6　中世における貨幣的な役割を果たしたものの特徴

	取引形態	使用機会	使用時の容易性	主な使用者	価値	海外との関係
金	砂金、譲葉金、蛭藻金、大判	高額取引の決済、家臣への恩賞、貴族・皇族・大名等への献上、軍用金	砂金は持ち運びに苦労し、取引時の計量も苦労を要した。時代を経て形状が板状になると、持ち運びが楽になり、計量も容易化	上級武士、皇族・貴族	非常に高価→地金価値	平安時代後期の日宋貿易の興隆に伴い代価輸出物として盛んに輸出される
銀	切銀、灰吹銀	一般取引の決済、家臣への恩賞	取引時に計量を必要とし、切遣いにより取引された	商人、武士	高価→地金価値	戦国時代後期になると、海外からの引き合いが強まる
銭貨	中国銭（本銭、模鋳銭）	小額取引の決済	そのまま取引手段として使用可	商人、下級武士	安価→地金価値は低い	中国から輸入、供給量は中国の銭貨事情等に左右される
物品貨幣	米や布など	小額取引の決済、貢租納入	そのまま取引手段として使用可。ただし、価値保蔵面で劣る	商人、農民	実質価値	海外からの影響は少ない

日銀の資料にわかりやすいまとめがあったので、引用しておきます。〈図表6〉にある通り、金は高額取引、銀は一般取引、銭貨と物品貨幣は少額決済という住み分けがなされていました。秀吉は天下を統一すると、1587年から通貨単位の統一を図ると同時に公的な金貨・銀貨の鋳造を開始しました。それが「天正長大判」です。

縦17センチ×横10センチで重さは約165グラム、表面には刻印と花押《かおう》が墨書きされていました。しかし、この金貨は実際に流通させる目的ではなくて、主に大名や家来への恩賞用として使われたそうです。

とはいえ、金貨は高額決済用貨幣ですから、小銭の束である銭貨を1貫文渡すよりは持ち運びも便利で、もらうほうも助かったのではないかと思います。

「検地」と「石高制」の導入

秀吉が金貨、銀貨の導入よりももっと強く関心を持って進めたのは「検地」と「石高制」の導入のようです。特に検地は、信長が実施しようとして中途半端に終わってしまった仕事だっただけに、気合いの入れようが違いました。

また、秀吉が征服した地域を徹底的に構造改革して、時代が変わったことを民衆に徹底して教え込む意味でも重要だったのかもしれません。

これについては、奥羽仕置がもっともわかりやすい。秀吉が帰京した直後、奥羽諸地域には豊臣の軍隊が派遣され、村々で検地や刀狩をはじめとする占領政策が強行された。各地で城割が実施されるとともに拠点城郭の織豊系城郭への回収が進み、配属された豊臣大名は家臣団を城下町に集住させ、京都の秀吉のもとに参勤を開始した。

秀吉は、狭隘《きょうあい》な荘園制的市場構造を最終的に破壊し、その結果誕生した京都（伏見）・大坂を核とする巨大な首都市場圏を統制した。そのために全国規模で執行したのが、太閤検地にもとづく石高制の導入だった。

（出典：『天下統一　信長と秀吉が成し遂げた「革命」』藤田明生／中公新書）

秀吉は年貢米の基準を統一するため、まず米の計量に使用する枡を「京枡」に一本化しました。そして、それまで銭貨で収めることになっていた税を米で納入するように変えたのです。これは歴史教科書では「貫高制から石高制への変更」と教えられています。

貫高制は、その土地から収穫できる年貢米の量を銭貨（貫文）で換算して、納税や軍役などの基準とした制度のことです。しかし、信長、秀吉以前において、実際の貫高は調査して決められたものではなく、大名とローカルな地侍、荘園主などの領主とが話し合って決められたものでした。よって、貫高は現場と上層部の力関係で決定されたものであって、決して実情を反映したものではありませんでした。

信長や秀吉の行った検地とは、話し合いでなく実際に土地の面積を測り、地質などを判定して客観的な収穫高の基準値を設定する作業でした。信長の大和の検地についてはすでに述べましたが、秀吉はそれを全国に広げました。

各地に検地奉行を派遣して田畑の大きさを測量する際、比較ができるように度量衡も統一されます。六尺三寸を一間、一間四方を一歩、三〇〇歩を一反として田畑の面積が測量されました。単位面積あたりの収穫量に応じて上中下のランクもつけられます。

このことによって、収穫量に年貢率を掛け合わせることで年貢の量が「石高」で示されることになります。それはすなわち、その地域の「税収」を表します。

また、同時にその地域のもつ経済力を表す指標にもなりました。「太閤検地」によって日本全国の土地が比較可能になったのです。

秀吉は銭貨の秩序崩壊は如何ともしがたい状況で、それに手を突っ込むよりは「米を物品貨幣として公認してしまったほうが早い」と考えたのでしょう。もともと商人だった秀吉らしい合理的な発想です。その合理性ゆえに、米を売って銅銭で納税するのではなく、米を物品貨幣としてそのまま納税することを認めてしまったのです。

おそらく、秀吉があと100年生きて、日本経済の変化に合わせて貨幣制度を調整してくれたなら、この後発生する石高制の大問題は先送りされることはなかったでしょう。しかし、秀吉はそれよりもずっと早く死んでしまいました。

実は、石高制にはこの時点で顕在化していないリスクがありました。米という物品貨幣による納税を認めた結果、その後、税収は米価の変動に大きな影響を受けるようになります。ただし、秀吉の時代はまだ日本は貧しく、米は誰もが必ず欲しがる食料だったので問題は顕在化しませんでした。

江戸時代に入り平和な時代が続くと、徐々に食料の生産量は増えて米の価値は下がっていきます。正確に言うと、豆腐や青菜は値上がりするのに米の値段は変わりませんでした。都市部の人々は舌が肥えてグルメになってしまったからです。

江戸時代の経済成長は加速し、物価は上昇傾向であるにもかかわらず、米価だけはほとんど変わりません。その結果、大名たちは同じ石高の年貢米を受け取っても、現金化すると所得が目減りするという悲惨な状況に追い込まれました。

すべての原因は米を物品貨幣とみなして、米による納税を許した石高制にあります。つまり秀吉こそが、その後の徳川幕藩体制の動揺の原因を作った張本人であると言えなくもありません。

もちろん、当の秀吉はそんなこととはつゆ知らず、目の前にあった米という物品貨幣を利用しただけです。石高制の導入は、支配地域の大規模な構造改革と表裏一体をなす非常に重要な制度でした。

しかも、米という物品貨幣は銅銭よりは安定した貨幣制度だとこの時点では思われていました。石高制の導入は「貨幣制度の安定」と、秀吉による「政治的支配の強化」という一石二鳥の効果をもっていたのです。

第二部

秀吉の国内政策

織田信長の遺志を継いだ豊臣秀吉は、たった3年で天下統一を成し遂げます。その仕事の核となるのは「仕置き」でした。秀吉が行った仕置きの三本柱は「城割」「検地」「刀狩」です。「城割」とは文字通り城を壊しての軍事拠点としての機能を停止させることであり、「検地」とは領地を石高表示して交換可能にするデジタル化であり、「刀狩」とは兵農分離と武装解除です。

秀吉の狙いは、あらゆる中世的な既得権の打破でした。なぜなら、秀吉の頭のなかには「国際情勢への危機感」があったからです。国内でいつまでも争っていたらスペインやポルトガルなどの外国勢力にやられてしまうかもしれない……。その危機感こそが、秀吉を「仕置き」に駆り立てた原動力でした。

だからこそ、秀吉の仕置きは徹底したものであり、それは大名のみならず、海賊や寺社勢力にまで及んだのです。信長を手こずらせた戦国大名も、海賊も、寺社勢力も、もはやイケイケの秀吉の前に、ひれ伏すしかありません。

まさに、敵なし！〝無敵〟の秀吉、ここにあり‼

第3章　信長の遺志を受け継いだ秀吉

「平和主義者」という誤解

豊臣秀吉は全国各地の紛争を調停し、配下に大名を従えました。秀吉は配下の大名の領地で「城割」「検地」「刀狩」を行い、徹底的な〝豊臣化〟を進めました。目指すは、鉢植え大名化、兵農分離、そして中世的なあらゆるビジネスモデルの殲滅《せんめつ》です。標的となったのは土豪、海賊、寺社など、特定の地域を仕切っていた既得権者です。

もちろん秀吉が殲滅したのは、彼らのビジネスモデルであって、彼らの存在そのものでないことには注意が必要です。既得権者であっても、「豊臣化」を受け入れれば新しい時代に生き残ることはできました。

少し視点を変えて経済の観点からみれば、中世的な権力集団が各地で好き勝手なことをすることは極めて効率の悪い状態であるとも言えます。前章で述べた、貨幣制度の混乱はそれを象徴する出来事でした。

また、それ以外にも物流を妨げる関所や債権債務関係を複雑化させる特殊な権利、ルールなども経済の効率化を妨げます。また、武装勢力が立て籠って反乱を起こす拠点になるような城郭はないにこしたことはありません。罪人の隠匿をしても何の罪にも問われないなら人々の法的確信が揺らぎます。

中世的な世界では、力関係がすべてでしたからこういった社会秩序を乱す原因を取り除くことはできませんでした。それが、国内で戦乱が絶えない原因であったとも言えます。織田信長は、その状況に危機感を感じていました。ポルトガルやスペインなど列強が、アジア各地に侵略してきている状況を掴んでいたからです。

そして、秀吉も信長と同じ認識を持っていました。そのため、一刻も早く国内を統一し、外敵に備える——。だからこそ、手段を選ばない徹底した改革（仕置き）が全国で行われたのです。

1582年の「本能寺の変」で信長を討った明智光秀を、秀吉は直後の「山崎の合戦」で撃破しました。そして「清須会議」を経て、柴田勝家との権力闘争を制し、1583年の「賤ケ岳の合戦」で勝家を討ち取ります。

1584年に徳川家康を「小牧・長久手の戦い」で追い込み黙らせると、信長のやり残した「天下統一」事業を推し進めました。信長に従わなかった四国、九州、関東、東北の大名に対する大討伐戦争の始まりでした。

全体を把握するために、秀吉の年齢と合わせて年表でまとめておきます。

●１５８５年（48歳）
土佐の長曾我部元親を破り、四国平定。秀吉は左大臣関白に就任し、官職でもトップに上り詰める。

●１５８６年（49歳）
4年前の「小牧・長久手の戦い」の際に負けを認めず講和が成立していなかった家康が、上洛して秀吉に詫びを入れる。このとき、家康の臣従が確定。

●１５８７年（50歳）
太政大臣に就任し、羽柴から豊臣に改名。
薩摩の島津義弘と戦い、有利な講和条件で和睦《わぼく》。これをもって九州の平定終了。

●１５９０年（53歳）
沼田領の帰属をめぐって北条氏政・氏直が秀吉と対立。小田原をはじめ関東の北条氏の城は秀吉に攻められ全滅。北条氏滅亡。徳川家康が関東に転封される。

秀吉はそのまま軍を宇都宮、会津へ進め奥羽仕置きを実施。〝天下統一〟完了。

秀吉が天下を取る過程で、九州、関東、奥羽地方に対して「惣無事令《そうぶじれい》」という停戦命令が発せられました。惣無事令の他にも、秀吉は「喧嘩停止令」「刀狩令」「海賊停止令」といった一見すると〝平和令〟に見える命令を何度も下しています。

１９８０年代から９０年代にかけて、これらを総括して「豊臣平和令」と規定する見方がありました。

それ以前の戦国大名たちが文字通り「戦争」をしていたのに対して、秀吉は戦争そのものを禁止し、裁判によって平和的に紛争を解決するよう呼びかけたからです。そして、その平和的な紛争解決システムに従わない者に限って武力による「征伐」した――という考え方です。

このアイデアは歴史学者の藤木久志氏により体系化されました。藤木氏は豊臣平和令の考え方は家康に継承され、江戸時代の平和が実現したと述べます。十二世紀ドイツのラントフリーデ令、武器規制条項、農民武装権、などの概念とその研究からインスパイアされたそうです。

国分の戦国段階と豊臣段階の差異の核心は、戦国の当事者間の自力次第＝当事者主義の原則を克服し、豊臣政権（優位な第三者）による戦国大名の自力＝交戦権を排除した職権主義的な執行へと転換したこと、に求められる。さらに、豊臣政権による一連のいわゆる征服戦争というのは、いずれも交戦の凍結つまり私戦禁止令を前提とした豊臣国分令＝領土裁定＝知行割りの職権主義的な強制執行か、もしくは最低秩序の侵害に対する制裁＝征伐に他ならなかったのであり、征服戦争による全国の軍事統合という従来の通念は否定されなければならない。なお、この惣無事令＝私戦禁止令の政策は、豊臣政権の成立以降、全国統合過程を一貫する政策基調であったことが確認される。

（出典：豊臣平和令と戦国社会　https://tohoku.repo.nii.ac.jp/?action=repository_action_common_download&item_id=75593&item_no=1&attribute_id=18&file_no=1）

しかし、本当に秀吉が発したのは「平和令」だったのでしょうか。西洋的な「私戦禁止令」を日本の戦国時代にそのまま当てはめることにはさすがに無理があるように思えます。

また藤木氏は、秀吉が「交戦権を排除した職権主義的な執行」をしたので、その前の信長とは違うという説明しますが、よくよく考えてみればそういう戦争の大義名分は室町時代からずっと使われていました。

いわゆる「武家の棟梁」が「天下静謐」のために働くのは当たり前のことだからです。信長の上洛も天下静謐のためでしたし、足利義昭が「反信長同盟」を呼びかけたのも天下静謐のためです。

外交交渉に長けていた秀吉

「天下静謐」を実現するに際して、戦争は唯一の手段ではありませんでした。信長や秀吉に共通して言えることは、戦争だけでなく外交交渉にも長《た》けていたという点です。

例えば、秀吉が明智光秀を討った「中国大返し」も、毛利氏家臣団への秀吉の調略が功を奏したからにほかなりません。毛利氏の家臣団は秀吉の調略のせいで疑心暗鬼になっており、とても秀吉を追撃できる状況ではありませんでした。石山戦争においても、信長は本願寺と全面的な軍事衝突をしませんでした。

そこには、５年にわたる長期間のにらみ合いと小競り合いと度重なる外交交渉がありました。戦力の動員と小競り合いは交渉のための口実、道具にすぎません。

天下静謐を実現するための具体的な仕事は、戦争のみならず、時に調略によって相手を寝返らせることであり、講和による妥協であり、朝廷や将軍を巻き込んだ盟約でした。戦争は外交の延長です。むしろ、武力よりもそれ以外の外交手段がメインだったとも言えます。

秀吉が天下統一の過程で惣無事令を出し、各地の大名に戦闘停止を呼びかけたのも外交的手段の一種だと私は考えます。いままでと性質が違って見えるのは、それは秀吉の力が強大になったからです。

圧倒的な力を背景とすれば、それまでまとまらなかった交渉だってすぐにまとまります。それだけの話ではないでしょうか。「平和」を冠するほど画期的な方針の転換があったとは思えません。

それが証拠に、天下統一の2年後（1592年）、秀吉は「唐入り」を目指して朝鮮半島に侵攻しました。もちろん、侵攻前に秀吉は朝鮮王国に対して「征明嚮導（明を征伐するので道案内するように）」との信書を送って交渉しています。しかし、交渉しても話が通じない相手には武力を使いました。何も行動パターンは変わっていません。

秀吉は「戦争は外交の手段である」ということはよく理解していたはずです。そもそも、本能寺の変の3年後の1585年9月に朝鮮への出兵計画については語っています（出典：『秀吉の唐入りに関する文書〈日本歴史１６３〉』岩沢愿彦）。

しかも、１５８５年という年は、四国征伐が実施された年であり、天下統一の第一歩を踏み出した年です。実際に朝鮮に侵攻する7年も前に、秀吉がこのような構想を持っていたことは彼が国際情勢をよく理解していた証拠です。

現下の国際情勢からみて、いずれ天下を統一したら対外的な戦争は避けられないと考えていたのでしょう。何のための国内の平和であり、これから何をしようとしていたのか、もうこの時点で明白です。そんな秀吉を、安易に平和主義者と決めつけてはいけません。

天下に対する「大忠」

各地の大名に対して「戦闘停止」を命ずる事例は、信長の時代にもありました。１５８０年8月に信長は九州で争っている大友氏、島津氏に対して戦闘停止令を出しています。

まず島津氏に対して、「九州地方に進出してきている毛利氏を来年攻撃するので、そのときは自分に加勢するように」と求めています。そのときのために、大友氏と目先の戦闘で消耗しないで戦力を温存しておくようにという要請です。大友氏に対しても、同様の要請が出されています。それが「天下に対する大忠である」とも述べています。

当時、島津氏は信長の権力には伏せず、鞆の浦の足利義昭を担いでいました。しかし、信長は紛争を調停する実力者として、自分のほうが義昭より力が上だということを示したのです。

交渉は難航するが、毛利氏攻撃の後詰として大友氏を利用したい信長の要求のもと、島津氏の拡大を脅威とする大友氏と、龍造寺氏の成長を憂慮する島津氏との思惑が一致して、天正九年六月に両氏間に「盟約」(後編旧記雑録)が成立する。これは、それまで良好だった義昭と島津氏との関係に微妙な影響を与えたであろうし、毛利氏にとって信長と結んだ大友氏は確実に脅威となったであろう。

(出典:『天下統一　信長と秀吉が成し遂げた「革命」』藤田達生/中公新書)

「本能寺の変」以降、秀吉の力は強大となり、武力による威嚇《いかく》だけで十分な外交的成果が得られるようになりました。「戦闘停止命令に違反したら征伐するぞ!」というのは確かに武力の行使そのものではありませんが、武力による恫喝《どうかつ》であることは間違いありません。

例えば、東北地方の大名は戦わずして秀吉に臣従せざるを得ませんでした。結果として平和が実現したことは否定しませんが、「平和令」という言葉の印象とはだいぶ違います。というか、誤解を招くので「平和令」と称するのは止めたほうがいいと思います。

歴史学者の藤田達生氏も、私と同じく「豊臣平和令」に異を唱えています。氏の著書のなかで該当部分を引用します。

（藤木久志氏は…筆者注）戦国大名相互の淘汰戦の末に勝ち残った天下人による武力統一とする、軍事統一史観とよぶべき従来の見方に、正面から修正を迫ったのである。藤木説によって、秀吉は「平和」を標榜する治者として、戦前教育で讃えられた軍神像とは真逆の装いで再デビューを果たしたと言ってよい。

筆者は、二十年以上にわたり惣無事令はなかったという立場をとってきた。これまでみてきたように、四国・九州・関東・奥羽への侵攻において、あらかじめ秀吉は敵対大名を想定し、豊臣化を表明した味方大名に軍事物資などの援助をおこない、繰り返し遠征を約束していた。
しかも秀吉の統一戦争すなわち侵略戦争を契機として、全国各地で仕置反対一揆が勃発している。その多くは配属された豊臣大名の統治者としての未熟・非力に起因していた。「惣無事令」のような先進的なイメージとは、およそかけ離れている。

（出典：前掲書）

文中の「豊臣化」とは、城割、検地、刀狩などの仕置き政策を通じて、農地を先祖伝来の特定物から石高によって定量的に評価できる代替物へと変える一連の政策のことを指しています。

先祖伝来の領地が石高によって「デジタル化」されることで、その土地にしがみついていた武士たちの領地は交換可能になりました。

なぜなら、それは「特定の領地」ではなく、「〇石の領地」だからです。仮に、領地を取り変えても石高が同じなら基本的に文句は言えません。その際に石高を増やしたり、減らしたりすることで家臣の評価も明確化することができます。家柄やしきたりなどに捕らわれず、結果を出した家臣にわかりやすい評価を下すことが可能になります。

これこそが「序章」で述べた〝預治思想〟です。預治思想とは「家臣団に本領を安堵したり新恩を給与したりする伝統的な主従制のありかたを否定し、大名クラスの家臣個人の実力を査定し、能力に応じて領地・領民・城郭を預ける」という考え方で、これを推し進めたのはほかならぬ信長でした。秀吉はその考えを引き継ぎ、信長のやり残した仕事を徹底的に推し進めました。

そのような観点で見れば、たびたび出される戦闘停止令も、あくまで日本の支配者として、より大きな実力をもった調停者として立場から発せられるものであり、お花畑的な平和主義から発せられるものとは性質が違うと考えるべきではないでしょうか。

田畑のデジタル化

「豊臣化」の根幹を為す検地とは田畑のデジタル化であり、石高制への移行の前提条件となるものでした。秀吉の検地は信長の検地とつながっています。そのプロセスを時系列で整理しておきましょう。

１５８０年に「石山戦争」が終結すると、信長は畿内全域および能登、越中にわたる広範囲な地域で城割を行い、城郭を機能停止に追い込みました。

また、このとき本願寺などの寺内町も例外とはしなかったといいます。町の商業的な機能は残したものの、軍事的な機能を停止させるため城郭は破壊されました。大和、丹後などでは検地も実施されています。いわゆる「仕置き」が実施されたわけです。

信長は仕置きをマニュアル化していたといいます。秀吉も当初は信長の家臣としてこのマニュアルに従い、城割や検地を実施する立場にいました。

1582年に「本能寺の変」で信長が倒れた後、清須会議で信長の直轄地と光秀領地が分配されたことはすでに述べた通りです。このときも新たな領地を得た秀吉は即座に検地を実施しています。

1585年は、秀吉にとって画期的な年になりました。2月に毛利氏との交渉が成立し、中国の国分が終わります。同月、信長の次男・信雄が秀吉に臣従を誓いました。4月には和泉、紀伊の一揆を鎮圧し、8月には四国と越中の国分が相次いで完了しました。秀吉はタイミングを逃さず「全所領国替え」を実施します（次頁の図表参照）。

新しい領地に派遣された大名たちはその地域を「豊臣化」することがミッションです。具体的には検地を行って土地の「デジタル化」を図ることと、城割よって軍事的な抵抗力を奪うことです。

実はこの年には、まるで全国に向けて手本を示すかのような史上初の「刀狩」が実

国名	居城	大名	国替	関係	備考（単位万石）
越中	富山	前田利長	○	服属	前田利家嫡子
	―	佐々成政	○	服属	北国国分により在大阪、新川郡を得る
能登	七尾	前田利家	×	服属	
加賀	金沢	前田利家	×	服属	半国
	大聖寺	溝口秀勝	○	服属	(4・4) 堀秀政与力、元丹波長秀与力
	小松	村上頼勝	○	服属	(6・6) 堀秀政与力、元丹波長秀与力
越前	北庄	堀秀政	○	服属	(29) 旧信長近習、近江佐和山より転封
	東郷	長谷川秀一	○	服属	(15) 旧信長近習
	府中	木村常隆介	○	直臣	(10) 若狭佐柿国吉から転封
	大野	金森長近	×	服属	(5) 翌年飛騨高山に転封
	敦賀	蜂屋頼隆	○	服属	(5)
若狭	小浜	丹波長重	○	服属	丹波長秀嫡子、越前北庄より転封
飛騨	―	佐藤秀方	×	服属	在美濃
美濃	大垣	一柳直末	○	直臣	羽柴秀次年寄、近江瀬田より転封
伊勢	松ヶ島	蒲生氏郷	×	服属	天正12年に近江日野より転封
伊賀	上野	筒井定次	○	服属	羽柴秀長与力、大和郡山より転封

近江	八幡	羽柴秀次	○	一門	（43）秀吉養子
	水口	中村一氏	○	直臣	羽柴秀次年寄、信楽の多羅尾光俊をはじめ甲賀衆改易
	佐和山	堀尾吉晴	○	直臣	（4）羽柴秀次年寄
	長浜	山内一豊	○	直臣	（2）羽柴秀次年寄
	坂本	浅野長政	○	一門	（0.7）京都奉行
大和	郡山	羽柴秀長	○	一門	秀吉実弟
河内	―	直轄領	―		
和泉	岸和田	羽柴秀長	○	一門	小出秀政岸和田城代
摂津	―	昵近衆《じっきんしゅう》	○	直臣	脇坂安治・加藤嘉明・大島光義・加藤清正・水野勝成・猪子一時などの旗本衆への所領宛行・替地あり
紀伊	和歌山	羽柴秀長	○	一門	桑山重晴城代、丹波長秀家臣
丹波	亀山	羽柴秀勝	×	一門	秀吉養子（信長五男）
丹後	宮津	細川忠興	×	服属	細川藤孝嫡子
但馬	出石	前野長康	○	服属	播磨三木より転封
	竹田	斎村政広	○	服属	別名赤松弥三郎
	八木	別所重棟	○	服属	
	豊岡	明石則実	○	直臣	

播磨	―	過半近習	―	―	
播磨	三木	中川秀政	○	服属	（6・5）摂津茨木より転封
播磨	明石	高山重友	○	服属	摂津高槻より転封
播磨	室津	小西行長	○	直臣	
播磨	竜野	福島正則	○	直臣	
備前	岡山	宇喜多秀家	×	服属	美作・備中東部も支配
淡路	洲本	脇坂安治	○	直臣	
淡路	志知	加藤嘉明	○	直臣	
阿波	一宮	蜂須賀家政	○	直臣	
阿波	住吉	赤松則房	○	服属	
讃岐	聖通寺	仙石秀久	○	直臣	淡路洲本より転封
讃岐	十河	十河存保	×	服属	仙石秀久与力
伊予	湯築	小早川隆景	○	服属	翌年から湊山城築城
伊予	―	安国寺恵瓊	○	直臣	在国せず
伊予	来島	来島通総	×	服属	
伊予	鹿島	得居通幸	×	服属	
土佐	岡豊	長宗我部元親	×	服属	秀長幕下、四国国分で大幅減封

出典：『天下統一　信長と秀吉が成し遂げた「革命」』藤田達生／中公新書

施されています。

本能寺の変以降、根来寺の支援を受けた紀伊の雑賀衆《さいかしゅう》の土橋氏は和泉方面にたびたび攻撃を加えていました。

1585年2月、秀吉は毛利氏に水軍の派遣を要請し、陸海両面で雑賀衆の徹底鎮圧を行いました。動員された兵力は10万人だったと言われています。雑賀衆の一部は圧倒的な兵力差を知り早々に土橋氏に見切りをつけ、秀吉側に寝返りました。動揺した土橋平丞は、長曾我部元親を頼って土佐に逃げました。

ところが、それでも残された人々は抵抗を止めず、太田城に立て籠って徹底抗戦しました。秀吉はこれを大軍で取り囲んで水攻めにします。籠城側は幾度かの戦闘の後に抵抗をあきらめ、首謀者を指し出して開城しました。

秀吉は厄介な雑賀衆をねじ伏せ、二度と一揆を起せないように刀狩による武装解除を実施します。歴史教科書には、刀狩令は1588年となっていますが、実はこの紀伊国における1585年の刀狩が最初です。農村からすべての刀が供出されたわけではありませんが、抵抗力を奪うためには十分な効果があったようです。

その後、刀狩は城割、検地と並ぶ「豊臣化」政策（「仕置令」）の三本柱のひとつになりました。なお、1588年に実施された全国規模の本格的な刀狩の効果について、以下のような見方があります。

現在残っている史料によると、およそ一カ月後、加賀大聖寺城主で四万三千石の溝口秀勝が京都に届け出た刀類は四千本弱あったという。どう少なく見積もっても、全国の農民から数十万本の武器が没収されたものと思われる。実際に大仏殿の釘やかすがいに使われたのは、そのうちのほんの一部にすぎなかったことだろう。

藤木久志氏が書かれたところによると、江戸時代になってからも農民たちは、まだたくさんの刀や槍だけでなく、鉄砲すら持っていたとのことである。たしかに、秀吉のこの法令で農村から武器が消滅したなどと考えるのは早計だろう。でも、秀吉のこの刀狩りという施策が、それまでの農民たちが持っていた武力の大部分を殺いでしまったことは間違いないであろう。

（出典：『信長・秀吉と家臣たち』谷口克広／学研新書）

このとき没収した刀剣類のうち、名刀に分類されるものは家臣への恩賞として再利用されました。また名刀ではないものの、武器として使えるレベルの刀は九州に運ばれて朝鮮出兵の際に武器として使用されたようです。谷口氏の指摘する通り、打ちなおして大仏殿の釘や鎹《かすがい》に使われたものはごく一部だったと思われます。

秀吉は、城割、検地、刀狩といった「豊臣化」政策によって中世的な勢力である敵対大名、寺社、地侍（土豪）の力を徹底的にそぎ落していきました。紀伊国における叛乱、一揆を主導した土橋氏は、まさに秀吉の改革に抵抗する地侍（土豪、在地領主）そのものです。彼らは農業を営みつつもう片方で武器を持ち、形式上は主君に仕えていました。

彼らは土地との結びつきが強く、それを守るためには裏切りも含めあらゆる手段を使います。実は、土橋氏を裏切って襲撃したのは「岡衆」という別の地侍集団でした。

彼らのビジネスモデルは荘園の代官などを請け負う代わりに中間搾取をして儲ける鞘取りビジネスです。ところが、秀吉の検地とその結果もたらされた石高制はそんなビジネスモデルを完全否定するものでした。秀吉に平定された地域は、検地を受け入れ数式で導き出された年貢を納付しなければなりません。

しかも、土豪たちは職業的な武士として城下町に住むか、武器を捨てて農村で農民になるかの選択を迫られました。自分の都合で、あるときは農民、あるときは武士、気に入らないことがあれば武器を取って叛乱を起こす――というスタイルはもう通用しなくなってしまったのです。

賊船禁止令

さらに、秀吉の仕置きは海にも及びます。いわゆる「賊船禁止令」です。秀吉が瀬戸内海の海賊とかかわるきっかけになったのは、１５７７年に信長に命じられた「播磨平定」です。それまで陸戦の経験しかなかった秀吉は、毛利氏との戦いを通じ本格的に水軍の力とその重要性に気づいたようです。村上水軍を擁する毛利氏は陸海両面から兵の移動や補給を行うため、それに対抗するにはどうしても自軍にも水軍を持つ必要がありました。

当時、信長方の水軍といえば、１５７６年と７８年の二度にわたって村上水軍と木津川口で戦った九鬼《くき》水軍でしたが、秀吉にこれを動かす権限などありません。秀吉は毛利氏と対抗するために、自力で水軍をリクルートするしかありませんでした。さすがブラック企業「信長」、基本は無茶ぶりからスタートです。

秀吉が目をつけたのは三好氏でした。阿波を拠点とする三好氏は配下に淡路水軍の安宅氏などを強力な水軍を抱えていました。秀吉は甥の秀次を三好康長の養子とし、水軍とのつながりを持つことに成功します。

当時の水軍というのは、海の上の地侍みたいなものでした。あるときは海上の物流を担う商人であり、ひとたび敵が襲ってくればそれと戦う軍事組織であり、航路の要所に海関《かいかん》を設けて通行料を徴収する海の警察官でもありました。しかも、それは違法どころか合法的な存在だったといいます。

彼らは海上に設けられた海関を管理するだけでなく、通行料や上乗料の徴収を行っていました。上乗料とは、航路上の難所を案内したり、他の有象無象《うぞうむぞう》の海賊から依頼者を守ったりするための対価です。

このほかにも「帆別銭」といって船舶の大きさに応じて税金をかけたり、駄別銭といって積んでいる荷物に税金をかけたりしていました。また、警固衆として大名の軍隊に動員されることもありました。

瀬戸内を代表する村上水軍は、これらの業務をこなしつつ河野氏の配下に属していました。河野氏から海の静謐業務を委託されることと引き換えに、忠誠を誓っていたものと思われます。荘園の代官として、領主に忠誠を誓う地侍と同じビジネスモデルです。

また、ここで注意しなければいけないのは水軍と主君の関係です。河野氏のような大名は有力な水軍を従えていますが、そこに単純な主従関係を想像してしまうのは問題です。なぜなら、水軍は海の上では基本的にやりたい放題です。主君に従っているのも、自分たちのビジネスに大義名分と時にはお目こぼしをくれるからです。実は、この水軍と大名の関係は、秀吉が全否定している中世的なシステムそのものでした。この時代はだいぶ下りますが、大東亜戦争終結後、陸軍大本営の参謀たちはまさにこの水軍と同じビジネスモデルで生活していました。彼らは戦時中に作った情報ネットワークを生かし、ＧＨＱの情報部門である「Ｇ２」（ＧＨＱ参謀第２部）に協力していました。その見返りとして、Ｇ２は旧陸軍参謀たちが密貿易をすることを黙認していたのです。

戦争直後で物資が不足していた日本において、密貿易は多額の利益を生むビッグビジネスでした。

実は、この持ちつ持たれつの関係は朝鮮戦争でマッカーサーが失脚、帰国するまで続いたそうです。まさに河野氏と村上水軍の関係を彷彿《ほうふつ》とさせます。

瀬戸内海の海上覇権

さて、話を元に戻しましょう。秀吉は播磨に派遣されてから８年にわたって毛利氏と争いました。試合巧者の秀吉は戦いのたびに有利な条件で講和し、最終的には毛利氏を臣従させることに成功します。

1585年2月、毛利氏は秀吉の中国国分提案を飲んで領土を安堵される代わりに、「豊臣化」を受け入れました。秀吉は九州を攻略する際に、毛利氏を九州地方の大名との「取次」として利用することを考えていたのです。

毛利氏が「豊臣化」したことで、瀬戸内海の海上覇権も大きな転換点を迎えます。それまで中世的なビジネスモデルの守護者だった毛利氏は、それを壊す側の秀吉に味方するようになってしまったからです。

村上水軍が臣従する河野氏は、同年の秀吉の四国攻めの際に毛利氏に投降し、滅亡しました。毛利輝元の叔父にあたる小早川隆景《こばやかわたかかげ》が伊予に転封されたため、村上水軍は隆景の配下となります。

しかし、何百年も続けてきた中世的なビジネスモデルはそう簡単に変えることができず、隆景の村上水軍に対する「グリップ」はあまり効きませんでした。そんななかで事件は起こります。

1587年7月、村上水軍の家中にいた清右衛門という者がこともあろうに島津氏に対して賊船行為を働いてしまったのです。島津氏が乗った船と知ってか知らずか、通行料か何かの請求を拒否された腹いせに、略奪行為で応えてしまったようです。

これを知った秀吉は激怒し、軍を派遣して征伐すると恫喝しました。シラを切り通す村上氏でしたが秀吉の怒りの前に抵抗はできず、瀬戸内海を追い出されてしまいました。

村上氏が臣従していた隆景が「取次」業務のため筑前に転封されたことを口実に、現在の福岡県糸島市に本拠地を強制移転されてしまったのです。

歴史教科書では、秀吉は１５８８年に「海賊禁止令」を出したことになっていますが、実際にはその前年に賊船行為を巡ってこんな大きな揉め事がありました。

またこの年、肥前の深堀氏が長崎で船を襲って金品を巻き上げるなどの賊船行為を行ったとして秀吉から城割、人質供出などの処分を受け、龍造寺家の家臣に組み込まれるという事件も起こっています。

「豊臣化」した水軍

とはいえ、秀吉は水軍そのものを解体したわけではありません。以前から構想していた「唐入り」の際に使用する輸送インフラとして、これを利用つもりでした。村上水軍が朝鮮攻略の前線基地である名護屋城の近くに移されたのも、そういった意図が背後にあります。

よって、海賊禁止令によって海賊はいなくなったのではなく、公儀に裏打ちされない海賊的な行為（賊船行為）が禁止されたと解釈するのが妥当です。なぜなら、この後も「公儀に反する者に対しては賊船行為を働いてもいい」というルールが存在しているからです。

ただし、賊船禁止令の禁止した行為というのは、それまでの水軍のビジネスモデルそのものであったという点が重要です。彼らはもう勝手に海関を作って通行料を取ったり、船の大きさに応じた税金を取ったり、積み荷に税金をかけたり、案内料や用心棒代を徴収することはできません。もしそれを破れば、秀吉からの容赦ない仕置きが待っていました。

このような形で、海の土豪である水軍（海賊）も「豊臣化」されていったのです。

この過程を整理しておきましょう。

すなわち瀬戸内海賊世界は、秀吉が信長重臣時代以来の長年に及ぶ外交交渉の末、天正十三年（一五八五）に豊臣大名となった毛利氏に委ねられた（第一段階）。天正十五年の九州分国に伴う小早川氏の国替えの際に、秀吉は毛利氏と「共謀」して海賊大名河野氏を分断に追い込み、賊船行為を繰り返す村上氏を九州に「追放」した（第二段階）。その結果、直臣《じきしん》大名に海賊支配をゆだねることで瀬戸内海賊世界は決定的に変質した（第三段階）。そこには中世の否定ともいうべき厳しい現実があったのである。

（出典：『秀吉と海賊大名』藤田達生／中公新書）

秀吉の仕置きは陸地だけでなく、海にも及びました。これで、天下統一は完成したように見えます。しかし、陸と海という物理空間を制してもまだ天下統一が完了したことにはなりません。

現代の戦争と同じく、目に見えない領域においても秀吉の仕置きは容赦なく実行されました。その領域とは「精神世界」です。

室町時代にあれほどブイブイ言わせていた〝寺社勢力〟はいったいどうなったのか？

次章で詳しく解説します。

第4章　牙をぬかれた寺社勢力

I　比叡山延暦寺

あの「恐ろしき山」はどうなった？

有史以来、何かと揉め事を起していた比叡山延暦寺は、織田信長による焼き討ちで徹底的に破壊されました。その理由は、度重なる信長包囲網に比叡山が加担していたこと、そして信長が進める改革に比叡山の存在そのものが邪魔だったことです。

前作（『経済で読み解く 織田信長』）で述べた通り、比叡山の主なビジネスは関所、荘園、金融で成り立っていました。

関所で通行料を取って物流を阻害し、荘園の中はブラックボックスでろくに年貢も払わず、支那から輸入した銭貨を市中に貸し付けて勝手に中央銀行のようなことをしていたのが比叡山です。

信長は物流を促進し、土地は「デジタル化」して年貢の基準を明確化し、貨幣経済の混乱を収拾しようしていましたから、比叡山はその存在自体が邪魔であったといえるでしょう。

奈良興福寺多聞院《たもんいん》の英俊法印が『多門院日記』に記したところによると、比叡山焼き討ちの前年（１５７０年）には比叡山と大津をつなぐ二本の街道は信長の家臣森可成《もりよしなり》によって封鎖されていたそうです。

そのため、比叡山延暦寺もお隣の日吉神社も閑散として人気がありませんでした。僧侶たちは琵琶湖のほとりにある坂本の町に下って、乱交不法の限りをなしていたそうです。

まさに、「堂塔伽藍《がらん》はあれどもなきがごとく」といった状態でした。この異常な光景を見れば、いずれ天罰が下るに違いないと英俊が思っても仕方ないことです。

そして、その悪い予想は翌年（１５７１年）的中してしまいました。信長による比叡山焼き討ちです。

堂塔房舎《ぼうしゃ》一字を残さず灰燼《かいじん》に帰し、黒煙は遠く南都からも望まれたというほどであった。僧侶老幼を問わず数千人が殺され、屍《しかばね》は山野に満ち、仏像経典の失われた者数知れず、わずかの衆徒が什宝《じゅうほう》を負うて脱出し座主覚恕《かくじょ》は辞職し、前座主梶井門跡応胤法親王《おういんほうしんのう》も大原に隠遁し、のち京都で還俗して蜻庵と号し貞斎と名乗られた。かくて座主職は十一年間中断した。

（出典：『比叡山史』村山修一／東京美術）

このとき豊臣秀吉は香芳谷を守備していましたが、逃亡者に情をかけて逃がしてあげたそうです。そのため、一部の什宝は被災を免れています。高野山に保管されている国宝の「二十五菩薩《ぼさつ》来迎図」や、上野の寛永寺にある慈恵大師画像はそのときに運び出されたものだそうです。

「比叡山」再び、ならず……

しかし、秀吉のところから逃げた門徒はごく一部であり、比叡山は10年以上にわたり機能停止に陥ってしまいました。

比叡山がようやく復興に向けた活動を開始するのは、1582年6月の「本能寺の変」の後です。しかも、いきなり延暦寺から復旧するのは目立つので、隣の日吉神社のほうから着手されました。

同年11月、日吉神社建立の勅許が下りたのでさっそく仮殿ができて年末年始の参拝が復活しました。１５８５年に大宮社が完成すると、次々に社殿が建ち始め１６０１年に完了するまで、約18年かけて日吉神社の復旧工事は進められました。

日吉神社の大宮社が完成した年（１５８５年）には、11年間欠職だった天台座主に青蓮院尊朝法親王が就任し、朝廷は比叡山再興の綸旨《りんじ》を出しました。全国各地で勧進運動が展開され、延暦寺復旧の機運が盛り上がってきました。

しかし、秀吉はイマイチ乗り気ではなかったようです。比叡山の全宗・詮舜《せんしゅん》が秀吉に勧進を求めたところ、「自分が寄進するのは容易であるが、主君信長の命もあって、あながちこれを裏切るわけにもゆかぬ。やはり僧徒等が協力して募縁を集め、法力で再建せよ、国家安泰の後、必ず素志に報いるであろう（出典：前掲書）」という趣旨を述べ、二千石を渡したそうです。

歴史学者の村山修一氏は、秀吉は信長の遺訓を利用してハードルを上げたところで、少ない援助を渡し恩義を施すはなはだ巧妙な手口を使ったと評しています。

近江は京都と北陸、美濃、尾張から東国へとつながる道の分岐点であり、まさに「シーレーン上のチョークポイント」です。そこを比叡山が抑えることは、秀吉としてはとうてい容認できません。だからこそ、秀吉は比叡山が再び巨大化することを許しませんでした。

結局この年に延暦寺の根本中堂の仮堂が造営されましたが、秀吉存命中はずっと仮堂のままでした。国宝となって現存している根本中堂は、この仮堂が１６３１年に台風で倒壊した後に建て直されたものです。

もはや、比叡山にはかつてのパワーはありませんでした。村山氏の言葉を借りるなら、それは「宗教優位の時代との訣別」だったのです。

Ⅱ　臨済宗

落ち目の「経済マフィア」

かつて、先の比叡山と覇《は》を競い合った臨済宗も没落の憂き目に遭いました。臨済宗といえば「禅宗」のイメージがあるかもしれませんが、その実態は「経済マフィア」そのものでした。

「応仁の乱」以前、彼らは室町幕府と結託し、貿易船のスポンサーとなり、支那から輸入した銅銭でぼろ儲けしていました。会計処理に長けた「東班衆《とうばんしゅう》」を抱えていたため、比叡山のようなライバルもその力を借りざるを得ませんでした。

また、訴訟《そしょう》を利用してライバルから荘園を取り上げるなど、幕府と結託して経済支配を広げました。手形訴訟を利用して借り手を追い込むひところの商工ファンドを思い浮かべていただければぴったりです。

しかし、応仁の乱がターニングポイントとなり、徐々にその力はそがれていきました。応仁の乱によって、京都の街は焼き尽くされました。臨済宗の「本社」である京都五山も壊滅的なダメージを受けたからです。

例えば、京都五山の一角、相国寺《しょうこくじ》は応仁の乱で細川方（東軍）が本陣を張った場所でした。そのため戦乱の当初は守られていましたが、戦いが泥沼化するとゲリラ攻撃の標的となります。1467年10月、相国寺は東軍内部にいた西軍のスパイにより放火され灰燼に帰しました。その後、10年間寺は荒れ放題のまま放置されたのです。応仁の乱が終わると、相国寺は再建を試みられました。しかし、室町幕府の力の衰えとともに、京都の街の治安は安定せず、そのたびに一揆や火災、戦乱などの災難が降りかかりました。

臨済宗相国寺派の公式サイトには次のように書いてあります。

応仁の大乱によって灰燼に帰した相国寺は、その後なかなか復興できませんでした。その大きな理由は、今まで最大の外護者であった足利将軍家が、急速に力を失い、そして将軍を取りまく有力な大名達も、その多くは内部分裂や下剋上によって没落したことでした。その上政情が不安で、京都ではしょっちゅう小ぜりあいが起こり、せっかく建てた堂宇《どうう》が、すぐ焼かれるというありさまでした。

〈出典：臨済宗相国寺ＨＰ〈相国寺のあゆみ〉http://www.shokoku-ji.jp/h_s_story.html〉

信長の上洛前の１５５１年には、管領細川晴元とその家臣の三好長慶が泥沼の内部闘争を始めます。晴元の部将・三好政勝、香西元成らは相国寺に陣取り、三好長慶の部将松永久秀、長頼兄弟と戦います。その結果、またもや大火災が発生‼

前掲サイトによれば「火焔はみるみる拡がって、鹿苑院・普廣院・大智院・法住院に及び、更に方丈から法堂まで燃え移り、山内ほとんど焼けてしまいました」とのことです。なんと、この時期の相国寺は２００年の間に４回全焼しているそうです。

貨幣経済の「トレンド転換」

１５７６年から１５８５年の９年間にわたって、信長は相国寺内の鹿苑院という塔頭を敷地ごと没収しました。かつては室町幕府の庇護《ひご》を受けて商売し、儲けたお金を献金することで「独立」「自治」を保っていた臨済宗ですが、この頃はもう見る影もありません。

頼りとする足利義昭は、この事件の3年前に信長によって京都を追放されています。義昭の「将軍通信」は1574年4月から2年間途絶えていますので、信長の進駐はまさに義昭の失踪期間に前後して始まったと言えるでしょう。

義昭は京都から追放された後も、歴代将軍と同様に京都五山の管轄下にある寺院に対する住持任命の公文（公帖）を発給していました。しかし、これは実際の力が伴わない名目的な権限だったと言えるのではないでしょうか。

信長が相国寺に進駐して敷地を9年も租借することについて、義昭はなんら実力を行使することはできませんでした。

もし義昭に力があったなら、かつての室町幕府のように裁判や実力行使などによって信長を排除していたはずです。かつて、臨済宗は幕府と結託し、あの比叡山ですら黙らせて有利な「判決」を取りまくっていました。

臨済宗の没落の理由は、度重なる戦乱で本山を焼かれて大損失を被っただけではありません。銅銭から銀や米へ――という貨幣経済のトレンド転換からも取り残されつつありました。

さらに、かつてドル箱だった北陸地方の荘園は、本願寺によって「百姓が持ちたる国」に変えられていたのです。

秀吉が天下を取った後、臨済宗の僧侶である西笑承兌《さいしょうじょうたい》は秀吉のアドバイザーとして政権に深く入り込みますが、臨済宗の復興はままなりませんでした。これより100年ほど後の江戸時代に白隠《はくいん》禅師が登場するまで、臨済宗の勢いは衰弱の一途をたどりました。

ちなみに、西笑承兌は秀吉のスピーチライターとして、インドのゴアにあるポルトガル総督府やルソン島のスペイン総督府に対し、入貢をすすめる書状を代筆したと言われています。

Ⅲ　本願寺

細々と続いた「一向一揆」

本願寺法主顕如《けんにょ》の息子、教如《きょうにょ》が大坂の石山本願寺を最終的に放棄するのは１５８０年８月です。石山戦争であれほど対立した信長と本願寺ですが、戦争終結後は概ね良好な関係を保っていたようです。

例えば、大坂から現在の紀伊の鷺森に本拠を移した本願寺に対して、信長は朱印状を発行して門徒の参詣を保障しました。また、武田勝頼を滅ぼして京都に戻った信長に対して、本願寺は祝儀を送り、信長もそれに対して丁重に返信しています。

信長最期の年となる１５８２年２月には、土橋若太夫と鈴木孫一の抗争が勃発し、紀伊が大混乱に陥りました。このとき、信長は本願寺法主の顕如を警固するため野々村三十郎の軍勢を派遣しています。

「本能寺の変」が起こると、顕如は「織田政権と良好な関係にあるので心配無用」と加賀の門徒に通達しています。このころ、加賀の門徒は信長と友好関係にある顕如派と、信長と対抗するために上杉景勝《うえすぎかげかつ》と結ぼうとする息子の教如派に分裂していました。おそらく顕如は、本能寺の変によって動揺が広がるのを防ぐためにこの通達を出したのでしょう。

信長の死後、その跡目を巡って秀吉と柴田勝家が対立します。本願寺は秀吉に肩入れすることを決め、近江の「土民・百姓」たちを秀吉方に動員しました。実は小規模ながら「一向一揆」はこの時代まで起こっていたのです。

本願寺ほどの実力と実績を持った集団は、中央の政治とは無関係でいられません。石山合戦以降の本願寺は、基本的に秀吉に味方していました。そのことと引き換えに秀吉の容赦ない仕置きを逃れるという意図もあったのでしょう。

本願寺は秀吉の言いなりだった!?

秀吉は１５８３年４月の「賤ケ岳の合戦」で柴田勝家を倒すと、同年８月かつての大坂石山本願寺跡に大坂城の建設を開始しました。そして、同じタイミングで本願寺に対して紀伊の鷺森から和泉の貝塚に本拠を移すように命じました。歴史家の武田鏡村氏は、次のような意図があったのではないかと解説します。

本願寺は堺御坊の返却で、大坂に近い堺への移転を求めていたが、それが貝塚になって落胆した。一方、秀吉は本願寺が雑賀に存在することは、もし雑賀衆や根来寺が叛意を示して抵抗するようなことがあれば、そこを攻めるにあたっては本願寺も同時に攻撃することになる。そんなことになれば、ようやく静謐を保っている全国の門徒衆の蜂起を招きかねない。秀吉は本願寺が移転したいという意向を見せたときから、本願寺と雑賀・根来の分断を策す絶好の機会であると考えた。しかし、まだ大坂城が完成せず、政権基盤も確立されていないときに、大坂に近い堺に本願寺を移転させることには不安があったのだろう。

(出典:『本願寺と天下人の50年戦争 信長・秀吉・家康との戦い』武田鏡村/学研新書)

秀吉は1585年3月に紀伊の一揆を鎮圧し雑賀衆の反抗を抑え込むと、今度は本願寺に対して大坂城と淀川を隔てて反対側にある天満に本拠を移すように命じました。秀吉は京都から大坂への遷都を計画していたらしく、本願寺だけでなく、京都五山や朝廷まですべて大坂に移転させるつもりだったのではないかという説もあります。しかし、京都五山や朝廷は動かず、とりあえず本願寺のみがこれに従いました。

ここまで秀吉の言いなりだと、もはや本願寺は牙を抜かれてしまったのではないかと思いたくなります。もともと本願寺は寺内町という自治都市を運営し、徳政令の免除、徴税の免除など様々な特権を有していました。確かに秀吉の時代になると、これらの特権は大幅に制限されています。

しかし、東洋大学教授で歴史学者の神田千里氏はこれに異を唱えます。江戸時代にも「駆け込み寺」がある種の寺内特権として残っていたことを考慮すると、豊臣政権の登場でそれらが一気に消滅したと考える「平泉澄氏以来の通説」には再検討の余地があるとのことです。

神田氏がその証拠として挙げているのは、1589年2月の天満の本願寺寺内町における「牢人隠匿《いんとく》事件」です。この事件は秀吉から「勘当」された斯波義銀《しばよしかね》、細川昭元《ほそかわあきもと》、尾藤知宣《びとうとものぶ》が天満の本願寺寺内に匿《かくま》われていたことが発覚し、寺内住民が処分を受けたというものです。

事件のけじめとして、尾藤は処刑され、斯波義銀と細川昭元の家と両家のある町の家屋を破却、焼却し、犯人を匿ったとされた63人の町人が京都に移送されて磔刑《たっけい》に処せられました。法主の顕如および家臣の下間頼廉、下間仲康は秀吉の寛大な処置に感謝し、二度とこういうことが起こらないようにするとの起請文を提出しました。秀吉はこれに対して下間頼廉、下間仲康を寺内の町奉行に任命し、「寺内掟」を交付しました。

一見すると本願寺は秀吉に押されまくっているように見えますが、実はそうではないそうです。神田氏は著書のなかで次のように述べています。

その狙いは「牢人」や武士の奉公人という、平民の住民なみに取り締まることの難しい居住者を排除して治安を徹底させるとともに、町役の賦課を通じて住民把握を徹底させ、謀叛《むほん》人や犯罪者の取り締まりを強化するものであったと考えられる。

〈中略〉

しかしこの事件の処理の実態を見て直ちに、これ以降本願寺の寺内特権が消滅したとみるのは即断にすぎるように思われる。なぜなら近世の本願寺寺内町に対する本願寺の領主権は、弱体化されたものの「ある程度の支配権が認められ、幕府行政の末端機関としての役目」を果たす力量を持っていたことが、つと千葉乗隆氏により指摘されている。千葉氏によると本願寺寺内の町奉行は本願寺により任命され、町役所で小頭以下の役人とともに任務にあたり、寺内町としての独自性をもった町の制法が発令されたという。

この点からみれば、本願寺は近世になお、一定の寺内支配権を有しており、秀吉の言葉通り、戦国期のような特権ではないものの、一定の寺内特権を持っていたことが想定される。

（出典：『一向一揆と石山合戦』神田千里／吉川弘文館）

神田氏の指摘する通り、秀吉の時代になって本願寺の寺内特権がすべて否定されたわけではありません。駆け込み寺のようにその後も引き継がれた特権もあったでしょう。とはいえ、過去に比べれば相当大人しくなったとも言えます。

「豊臣化」された寺社勢力

本願寺はルールを策定する側から、ルールに従って行動する側、いわば「プレイヤー」にその位置をシフトさせました。本願寺は寺内町という限られた縄張りの範囲内である程度の自治を認められていましたが、以前のようにひとつの国のように行動することはできなくなってしまったのです。

かつて、商業活動のグラインドデザインを描くのは、寺社勢力でした。しかし、秀吉が天下統一を果たしてから、それを描く主体は武家政権に変わったのです。そして、このスタンダードは徳川幕府にも継承されていきました。まさに秀吉がターニングポイントになっていたのです。

それまで、全国の物流拠点は寺社勢力によって牛耳《ぎゅうじ》られており、刀鍛冶《かじ》を囲い込んだり、要塞のような寺院を建築したりして、文字通り有力な軍閥としてのさばっていました。なかでも、比叡山と本願寺は信長にすら盾突く強大な力を持っていました。

秀吉の功績は、これら寺社勢力に対して、徹底的な打撃を加えたことです。寺社勢力は秀吉によって「豊臣化」され、中世的特権は廃止、もしくは縮小されていきました。その結果、経済がより多くの人に解放され、後の江戸時代に爆発的な経済成長をする基盤ができたのです。

第三部

秀吉の対外政策

今日的な意味での国境の概念が存在していなかった安土桃山時代。豊臣秀吉の「仕置き」は現在の日本の国境を越えて拡張していきます。対馬の先には朝鮮半島が、そして沖縄の先にはマカオが、マニラが！　天下に非道が行われる限り、秀吉の仕置きはどこまでも続きます。もう誰も止められない。

ところが、国際情勢は緊迫の度合いを増していました。スペイン、ポルトガルの勢力がアジアを席巻し、大量の金銀を産出する日本もそのターゲットとなりつつあったのです。長崎の要塞化、キリシタン大名の裏切り、まさに日本が大ピンチ！

そんななか、秀吉が動きます。実は、日本を攻撃するはずのスペイン、ポルトガルも秀吉の軍事力に相当ビビっていました。お互いがお互いを脅威と感じ、微妙な緊張関係が続くなか、「征明嚮導」――、朝鮮出兵が始まります。

その戦略に死角はないのか？　朝鮮出兵で大揺れに揺れる国際情勢と、ひそかに募る国内の不満。秀吉はこの危機を乗り越えることができるのか？　ついに、最後の大勝負が始まる！

第5章　キリスト教国の脅威

「キリシタン大名」の暴挙

歴史教科書では、織田信長が「既存の寺社勢力に対抗するためにキリシタンを保護した」ということになっています。しかし、これは間違いです。

歴史学者で慶應義塾大学名誉教授の高瀬弘一郎氏によれば、「一向一揆に対抗してキリシタンを保護した、との見方もあるが、両社はその勢力地盤を異にしているし、キリシタン教会には一向宗に対抗できる力などなかった。（出典：『キリシタンの世紀』高瀬弘一郎／岩波書店）」とのことです。

信長が権力の頂点にあったころ、キリシタンの勢力は極めて小さく、既存の寺社勢力を脅かすことはまったくありませんでした。そもそも、このころはキリシタンの本拠地は九州であり、それは信長の勢力圏のはるか外でした。

ところが、豊臣秀吉が天下を統一する頃になると状況は一変していました。イエズス会は長崎の生糸貿易を仕切り、交戦中のキリシタン大名に背後から援助をすることで大名の権力争いに介入し、神社仏閣の物理的な破壊に暗黙の了承を与えていたのです。

キリシタン大名は土地の寄進、寺社の破壊など、イエズス会の手先となって活動していました。大村藩の記録である『大村郷村記』やルイス・フロイスの報告によると、代表的なキリシタン大名の大村純忠《おおむらすみただ》は大村家の守護神であった多羅山大権現、摩利支天をはじめとした領内の神社仏閣を徹底的に破壊し、その跡地に十字架を立て、建材はポルトガル商人にタダでくれてやったそうです。

同じくキリシタン大名の有馬晴信《ありまはるのぶ》も僧侶たちが加津佐の海岸の祠《ほこら》に隠した仏像を摘発し、運び出せる仏像を搬出した後、残った仏像に放火して焼き尽くしました。住民の前で取り出した仏像に唾を吐きかけるなど冒涜《ぼうとく》し、最後は薪《まき》にして燃やしてしまったそうです。同じキリシタン大名の高山右近《たかやまうこん》についても、似たような事件があったとフロイスは報告しています。

大友宗麟《おおともそうりん》もキリシタン大名として知られていますが、やはり寺院の破壊や僧侶の殺害など、非道の限りを尽くしたそうです。

筑前の秋月氏が「大友領国の老若男女がキリシタンとなって寺社を破壊し、『仏神』を川に流し、薪にし、寺社の所領は没収して他の人間に給与するなど……」と批判しています。

そして、これらの大粛清ともいえる破壊の背後に、イエズス会がいたことは間違いありません。東洋大学教授で歴史学者の神田千里氏は次のように述べています。

こうした例は枚挙にいとまがないが、大村氏の領内に関していえば、宣教師たちの教唆《きょうさ》によっていたことが明らかである。すでに大村純忠が洗礼を受ける際、純忠は宣教師に対して、兄の有馬義貞（純忠は有馬家からの養子である）が異教徒なので自分はすべての「偶像」を焼き払い、寺院を破壊することは今のところできなので、この点を理解してもらえればキリシタンになる覚悟である、と申し入れ、宣教師側も、時が至ればみずからの権力下にあるものすべてを破壊するという決心を保ち、またデウスに関して十分な理解に達すれば、キリシタンにする、と回答している。宣教師が純忠に、洗礼に際して「偶像」や寺院の破壊を促していることは明らかといえよう。

（出典『宗教で読む戦国時代』神田千里／講談社選書メチエ）

あまりにも酷い状況を目《ま》のあたりにして、さすがの秀吉も怒りました。なぜなら、この破壊は「天の道」、いわゆる「天道」に反するとんでもない非道だからです。

信長が「安土宗論《あづちしゅうろん》」の際に、日蓮宗に対して他宗の批判を禁じました。日本は伝統的に信教の自由を尊重する社会だったのです。どんな宗教も天の下ではお互いに尊重し、相手を殺したり、強制的に改宗させたりすることがあってはならない――。おそらくこれは今の日本でも常識ではないでしょうか。

「イエズス会」への詰問

天道に反するキリシタン大名の乱暴狼藉《ろうぜき》を見て、秀吉が放っておくはずはありません。秀吉はある決意を秘めてイエズス会日本準管区長ガスパール・コエリョを詰問します。秀吉の詰問内容は以下の通りです。

（一）何故にパードレはかくも熱心に勧め、また強制してキリシタンとなすか。
（二）何故に寺社を破壊し、仏僧に迫害を加えてこれと融和しないか。
（三）何故に、人に仕えて有益な動物である牛馬を食するがごとき道理に背いたことをするか。
（四）何故にポルトガル人は多数の日本人を買い、奴隷としてその国に連れていくか。

（出典：『キリシタンの世紀』高瀬弘一郎／岩波書店）

これに対して、コエリョの回答は次のようなものでした。

（一）パードレが艱苦を嘗《な》めてヨーロッパから渡来するのは、救霊のためである。それゆえ力の限り改宗せしめようと尽力するが強制はしたことがない。

（二）神仏の教えでは救いが得られぬことを悟った日本人が、自ら寺社を破壊したのだ。

（三）パードレ・ポルトガル人共に馬肉を食する習慣はない。牛肉は食べるが、それを止めることを殿下が望むなら、止めるのは容易である。

（四）ポルトガル人が日本人を買うのは、日本人が売るからで、パードレはこれを悲しんでいる。殿下が諸港の領主に日本人を売るのを止めるように命じ、違反者を重罰に処するなら、容易に停止するであろう。

（出典：前掲書）

高瀬氏による評価は、（三）を除き、それ以外の回答には嘘があるとのことです。（一）については、キリシタン大名による強制改宗があったことは事実で、宣教師は自ら手を下していないものの、実質的にはそれを黙認しつつ推奨する立場にいました。

（二）については、すでに述べた通り真っ赤な嘘です。

（四）については、秀吉がバテレン禁止令を出した直接の理由ではないかという説もあります。もちろん、バテレンが奴隷商人だったわけではありません。昔のヤクザが「麻薬はご法度《はっと》」だったのと同じで、イエズス会は公式には奴隷売買を禁止していました。これはポルトガル国王についても同じです。

秀吉の伴天連追放令のはるか前、１５７１年3月11日にポルトガル国王が出した勅令には「今後ポルトガル人は何人も、日本人を買ったり捕獲したりしてはならない旨命じる」と明確に書いてあります。

また、伴天連追放令からかなり後の話ですが、１５９６年に日本司教マルティンスが、１５９８年に司教セルケイラが「日本人奴隷売買を禁じ、違反したものは破門する」というお触れを出しています。

ところが、これを額面通りに受け取るのは危険です。前出の高瀬氏は次のように述べています。

ただし、ここで断っておかねばならないが、右に述べた限りでは、日本人奴隷を売買したのはあくまでポルトガル商人であり、イエズス会はその禁止に向けて尽力したということになるが、当時のイエズス会自体、世界各地で奴隷使役《しえき》の上に成り立っていた、という点を忘れてはならない。新大陸におけるイエズス会の砂糖きび栽培も、黒人奴隷の使役によるものであった。日本を含む世界各地の、さまざまな屋内労働についても同様である。日本イエズス会が奴隷売買をした記録が、会計帳簿に記載されているし、朝鮮布教を行ったセスペデスは、日本人奴隷の売買に関わったようである。またジョアン・ロドリーゲスが、有馬氏からインド副王のもとに領内の少年少女たちを進物として送りとどけるのに尽力したこともあった。

（出典：前掲書）

つまり、㈣も結局、真っ赤な嘘だったわけです。秀吉が秘めていたある決意とはキリシタン禁令（いわゆる「伴天連追放令」）です。実は、もう質問する前から答えは決まっていました。

1587年7月、2通のキリシタン禁令（いわゆる伴天連追放令）が相次いで発布されました。どうもこの詰問自体は、週刊誌が徹底取材の後、最後に本人を直撃して言《げん》質《ち》を取るようなものだったようです。

「伴天連追放令」の真意とは？

伴天連追放令は原文が存在せず写しが伝わるのみですが、その内容は「黒船之儀は商売之事候間格別候之条、年月を経諸事売買いたすべき事」と伝わっています。秀吉はキリスト教の布教を禁止するも、貿易をすることは認めたということです。

秀吉が企図したことは、「宗教」と「経済」の切離しです。この政策は前章で見た通り秀吉の「仕置令」で徹底的に進められてきたことの延長線上にあります。それは貿易を管理し、外交権を掌握したことを国内外に示し認めさせるとともに、経済活動から宗教勢力を排除するものでした。まさに、寺内町の権利を制限したのと同じような目的で進められた政策と考えていいでしょう。

このとき見せしめに粛清されたのが、キリシタン大名の高山右近です。他のキリシタン大名が神よりも秀吉への忠誠を誓うなか、右近は反対に神を選びました。秀吉は、即座に右近の所領を没収して追放しました。

伴天連追放令の直後、秀吉はイエズス会が握る生糸利権を本気で奪いにいきました。伴天連追放令の翌年（１５８８年）に渡来したポルトガル船に対して、秀吉は不当に相場より安い価格で絹を強制的に買い取っています。

しかも、この取引が終わるまで他の商人による抜け駆けも禁止しました。これは従来の取引慣行を破るトンデモない暴挙でした。ポルトガル商船の損失は大変な金額になったことでしょう。

ポルトガル側は、秀吉の無茶苦茶なやり方に日本と商売しても美味しくないと判断します。当然、翌1589年になると日本行きの貿易船は一隻も出なくなってしまいました。しかし、これでは日本に来ているイエズス会も商売上がったりです。

そこで、1590年、巡察師アレッサンドロ・ヴァリニャーノは一計を案じ、インド副王の書簡を携えて天正少年使節団と共に日本に赴きました。そして、「教会活動を妨害しないこと」と去年のような「無茶苦茶な取引はしないこと」を約束すれば貿易を再開するという交渉を行います。

その成果もあって、1591年に再びポルトガルの貿易船が長崎に来航しました。ところが、秀吉の奉行人である毛利吉成《もうりよしなり》と鍋島直茂《なべしまなおしげ》が今度は積み荷の金塊を無茶な値段で強制買いつけしようとして、再びトラブルが発生します。

ポルトガル商人とのトラブル

ポルトガル商人は京都に使者を送って秀吉に仲介を依頼しました。秀吉は毛利、鍋島に激怒し、ポルトガル商人は「従来のやり方」で自由に商品を売却することができました。「従来のやり方」というのは、イエズス会が価格決定プロセスに介入しマーケットメークするというやり方です。

イエズス会と対立するフランシスコ会の修道士フライ・セバスティアン・デ・サン・ペドロは１６１７年にイエズス会の長崎における利権をローマ教皇に告発しました。サン・ペドロ曰く、「パードレは自分たちの資金で仕入れた生糸では満足せず、ポルトガル商人が齎《もたら》すその他の生糸を安く買い入れて、後でそれを日本人たちにそれ以上の価格で売り、それによって多くの富を得てきた」とのことです。

サン・ペドロの告発に反駁《はんばく》したのは、イエズス会日本管区長ヴァレンティン・カルヴァーリョです。彼の『弁駁書《べんばくしょ》』には、「我々は通訳や取次をしているだけだし、買いつけのための資金も持ってない」などとイマイチな言い訳が並んでいます。

もし、自分たちが長崎貿易に関与していないなら、「秀吉のせいで日本側が強制的に安い価格で買いつけていて、自分たちの出る幕なし」と主張すればいいのに、なぜ、そう言わなかったのか？　実はそんな嘘をついてもすぐにバレてしまうからです。サン・ペドロの指摘通り、イエズス会は自分たちで安く買って手数料を上乗せして売っていました。

現代でいうなら、外貨証拠金取引のシステムを提供している証券会社が取引のたびに売値と買値の間にスプレッドという値差をつけているのに似ています。これなら、取引量が増えた分だけイエズス会は利益を上げることができました。

ではこの手数料は本当に不当かつ不要なものだったのでしょうか。日本のマーケットに精通し、翻訳までできるイエズス会は商人にとっても多額のリサーチコストを削減するために便利な存在だったといえます。ポルトガル商人からすれば、とりあえずイエズス会の提示する値段で売れば損はないという認識だったのではないでしょうか。それは買いつけ側の日本の商人も同じことです。

インターネットが存在しない時代において、教会のネットワークは非常に強力な情報ツールでした。イエズス会はマカオの生糸市場と長崎の生糸市場の情報を独占することで、手数料を抜いていたのです。もちろん、その手数料は情報インフラたる教会組織の維持に使われていました。

秀吉は寺社の破壊や日本人奴隷貿易など看過できない問題を解決するために、誰が外交と通商の主導権を握っているのかはっきりさせる必要がありました。とはいえ、やはり長崎におけるイエズス会の存在は商取引上重要であり、完全な排除には失敗しました。

ポルトガル国王の書簡

さて、この件についてポルトガルは国としてどう反応したのかを見ておきましょう。ポルトガル国王はゴアのインド副王に宛てた書簡の中で、この件について次のように書いています。

イエズス会巡察師が書き送ってきて、日本王国において一人の暴君が短時日の内に全土の支配者になり、凡ての修道士に対し国外退去を命じ、祖先の法に反する福音の布教を禁じ、コレジオを奪い、教会を焼いた。彼らはこの迫害が終わるまでキリスト教領主の地に潜伏している、ということである。巡察師ヴァリニャーノは同修道士たちを助けるため、彼（インド総督マヌエル・デ・ソウザ・コウティニョ……筆者注）に喜捨を求めたという。そこで朕《ちん》は貴下に、あのキリスト教会が復興するよう、できる限りこれに恩恵を施すよう依頼する。

（出典：『キリシタン時代の貿易と外交』高瀬弘一郎／八木書店）

この援助とは具体的に何のことでしょうか？　迫害されて潜伏している修道士やキリシタンのための生活費の援助でしょうか？　いいえ、そんな生易しいものではありません。

前出の書簡の後半には「日本航海で行っている貿易は、躓《つまず》きを与えているので止めるよう注意した」とか、「従来入港してきた港以外には、ポルトガル船が入港しないことが神と朕に対する大成奉仕となるであろう」という文言があります。現代風にいうなら、生糸貿易をつかった〝経済封鎖〟です。

しかも、これだけではありません。なんと、武力行使の可能性すらあったのです。

それは、キリスト教の布教が始まったときから存在していた潜在的なリスクでした。

ひとつの証拠を示しましょう。1580年6月、巡察師ヴァリニャーノが書いた『日本布教長のための規則』には次のような記述があります。

〈第Ⅱ部〉

⑧　キリスト教徒の維持と保護のため長崎と茂木を弾薬や大砲で武装する

⑨　長崎に多数のポルトガル人兵士を置く

⑩　長崎のキリスト教徒人口を増加させ住民に必要な武器を与える

（出典：イエズス会東インド巡察師アレッサンドロ・ヴァリニャーノと『日本の上長のための規則』 https://eprints.lib.hokudai.ac.jp/dspace/bitstream/2115/46548/1/29_1-20.pdf）

長崎の要塞化と日本人キリシタンによる蜂起は当初から企図されていたのです。

また１５８５年3月には、日本準管区長コエリョが龍造寺氏の攻撃に苦戦するキリシタン大名の有馬氏、大村氏を救援するためスペインのフィリピン総督に武装艦隊の派遣を要請するという事件も起こっています。

このときは、フィリピン側が拒否したので事なきを得ましたが、もしここでスペイン艦隊が介入していたら日本の歴史は違った展開になっていたかもしれません。

「外国に侵略されてしまう」という危機感

このような歴史的経緯がありますから、当然のことながら伴天連追放令への対応策として、再び武力による攻撃が検討されました。具体的にはキリシタン大名とスペイン、ポルトガル艦隊が内外で呼応して秀吉に対抗することです。ヴァリニャーノの「規則」に従い、すでに長崎は要塞化され軍艦の建造もなされていました。あとは、キリシタン大名さえ協力すれば……‼

ところが、大村純忠、大友宗麟など大物キリシタン大名はすでに死去していました。残された有馬晴信、小西行長《こにしゆきなが》などの有力なキリシタン大名はすでに秀吉によって「調略」されており、この話には乗ってきません。

そこで、コエリョはフィリピン、マカオ、ルソン、そしてヨーロッパにまで使者を送って日本侵攻を訴えます。ところが、これを知った巡察師ヴァリニャーノは「やばい！」と直感しました。

もしこんなことが暴君秀吉に知れたら大変です。巨大な軍事力を使ってキリシタンを本格的に弾圧されたらひとたまりもありません。ヴァリニャーノの命《めい》により、長崎の武器弾薬は密かに処分され、本件はコエリョの独断だという隠蔽《いんぺい》工作が行われました。

伴天連追放令の5年後、1592年に「文禄《ぶんろく》の役」が始まり秀吉は朝鮮半島に出兵します。なぜ秀吉が朝鮮半島を通り明を制圧しようとしたのか？　その理由は伴天連追放令とそれ以降の貿易戦争の経緯を知れば何となくわかるような気がします。

実は伴天連追放令の1年前、1586年5月にコエリョは大坂城で秀吉に謁見《えっけん》しています。その際、秀吉はコエリョに対して朝鮮、支那を征服するために自ら渡航するつもりなので、イエズス会は帆船2隻を用意してもらいたいと要請したそうです。

また同年8月、対馬の宗義調《そうよししげ》に対して、朝鮮征伐をするから従軍するようにと伝えています。つまり、この時点で秀吉の頭のなかには当時の国際情勢はインプットされていたと考えて問題ありません。

そもそも信長の時代から、スペイン、ポルトガルがアジア各地を侵略して植民地にしているという情報は多くの大名に共有されていたようです。信長が天下統一を急いだのも、中世的な価値観にとらわれていつまでも国内がバラバラだと外国に侵略されてしまうかもしれないという危機感からでした。

朝鮮半島ではなく、マニラを攻めるべきだった……

信長の死後、秀吉がたった3年で、大急ぎで天下統一を果たしたのもおそらく同じ考えによるものではないでしょうか。大急ぎの国内統一と「豊臣化」は、海外進出に向けた大動員体制を作るためだという歴史学者もいます。それがすべてではないと思いますが、確かにそれも重要な理由のひとつだったと考えていいでしょう。

秀吉は「国内統一」を終えて、やおら「海外派兵」に乗り出したわけではない。統一の過程でみずからを朝廷権力のなかに位置づけた秀吉は、朝権のおよぶ範囲を拡充するという方途《ほうと》をとって政権のフロンティアを拡大していく。具体的には、服属させようとする周辺勢力に対し、朝廷への出仕を要求するということになる。実際、「大陸侵攻」と「国内統一」とは、朝権の拡大という運動のなかで、いわば当時並行的に進められたのである。

（出典『文禄・慶長の役』中野等／吉川弘文館）

しかし、ポルトガルとこれだけ揉め事を起した秀吉がなぜ彼らの本拠地であるマカオを直接攻撃することを選ばず、朝鮮半島を通って「唐入り」を目指したのでしょうか。

ポルトガルはマカオとマニラをつなぐことで、アメリカ大陸の銀を大量に支那へと流入させていました。当時銀の産出国だった日本としては、そのルートこそがまさに商売敵《がたき》です。スペインが支配するマニラを直接押さえて、アメリカ大陸からの銀を押さえるか、最悪の場合、封鎖してしまえば日本銀の希少性はゆるぎないものになります。

だとすれば、琉球、台湾と南下してそのままマカオ、マニラを攻略するルートのほうが圧倒的に「コスパ」が良かったはずです。

実は、当時からマニラを直接攻撃すべきと秀吉に進言する人がいました。茶人で秀吉の側近だった長谷川宗仁《はせがわそうにん》は、「朝鮮や支那を経由せず、直接マニラを叩くべき」という進言を実際にしています。宗仁は肥後の海賊で早くからマニラに赴いて事情を知っていた原田孫七郎《はらだまごしちろう》からルソン攻略の策を授けられていました。

１５８８年、英仏海峡でスペインの無敵艦隊はイギリスに敗北し、それ以降はスペインの国力が大いに衰えていましたから、それは非現実的な話でもなかったようです。

孫七郎は、マニラの守りは薄く、ひとたび出兵すれば簡単に陥落するだろうと見ていたようです。

しかも、攻められる側のマニラにとっても秀吉の攻撃はかなりリアルな脅威でした。だいぶ時代は下りますが、１５９８年６月のマニラ総督フランシスコ・テロのフェリペ二世に宛てた書簡には次のように書かれています。

「我々には、つねに日本の脅威がある。日本が撤退してくれることを望む。……日本人が当地に沢山いることがわかり、追放することにした。８０００人以上を追放したし、追放を逃れたものをマニラに集めているところである。日本人は原住民に対して、悪い風習を教えている」と、フィリピン人の反乱を日本人のせいにしているし、また秀吉の入貢を促がす書簡即ちフィリピン侵略計画として、現地のスペイン人には大まじめに受けとられていたのである。

（出典：『タイオワン（台湾）をめぐる17世紀の海外貿易』松竹秀雄　http://naosite.lb.nagasaki-u.ac.jp/dspace/bitstream/10069/26525/1/toasia00_31_02.pdf）

ところが、秀吉は九州から南下してマニラを攻めず、朝鮮半島から支那大陸に至るという迂遠《うえん》な方法を採用しました。その理由は、秀吉が「支那の高価な壺の利権を独占しようとした」とか、「支那の華夷《かい》思想に捕らわれていた」とか、「実力を過信して誇大妄想になっていた」とか、「信長の計画通りに動いた」とか、いろいろなことが言われています。

私が注目したいのはもっと別のところです。それは、この決断を下すにあたって秀吉の手持ちのリソースが何だったかということです。それは強力な「軍事力」、それも鉄砲歩兵を主体とする「陸上兵力」でした。秀吉は手持ちの戦力の有効活用を最優先に考え、朝鮮半島、支那を陸上から制圧するという戦略に拘泥してしまったのではないでしょうか。それはいい意味でいえば、強みを生かすことだったかもしれません。

しかし、私はむしろビジネスにおける、いわゆる「プロダクトアウト」という発想に近かったのではないかと思います。

プロダクトアウトとは、手持ちのリソースありきで企業が商品開発や生産を行うことです。例えば、液晶の技術を持っているのでその強みを生かすといった発想がまさにこれにあたります。

どちらかというと、作り手の立場優先で、「いいものさえ作れば必ず売れる」といった信念に基づいていますが、現実には必ずそうなるわけではありません。日本の家電メーカーはこの発想にとらわれ過ぎたため、魅力的な商品が作れなくなったとも言われています。

プロダクトアウトの反対は「マーケットイン」です。こちらはマーケットのニーズを優先してそれを実現していくために商品開発や生産を行います。どちらかといえば、顧客優先で、「顧客が望むものを作れば売れる」という考え方に基づいています。経済の歴史をみるかぎり、後者の発想のほうが商売上はうまくいくことが多いように思えます。

秀吉が陥ったかもしれない発想は前者です。手持ちの陸上兵力が強いので、陸地を征服していく戦略を考えた。意外とそんな単純で、典型的なプロダクトアウト思考だったのかもしれません。しかも、秀吉は日本の鉄砲歩兵の力を過信していたきらいがあります。

もちろん、GPSや地図すらもない時代に、秀吉に対して「制海権」「海洋覇権」といった概念を持てというのも酷な話ではあります。しかし、事実として日本は昔から四方を海に囲まれた〝海洋国家〟です。支那のような陸地で国境を接する国とはちがいます。

海洋国家は海上交通の安全を重視し、交易の自由によって世の中が発展するというのが歴史上繰り返されたパターンです。これに逆らっても経済上のメリットは何もありません。

「ランドパワー」と「シーパワー」

ちなみに、地政学において、日本のような海洋国家は「シーパワー」と呼ばれています。シーパワーの国には、強力な海軍が必要です。海軍によって外敵の侵略から国を守り、海上の交易路を防衛できるからです。現代においても日本はイギリス、アメリカ、オーストラリア、シンガポール、台湾などと安全保障上は同じカテゴリーに入ります。

アメリカの海軍大学校の教官だったアルフレッド・セイヤー・マハンは『海上権力史論』の中で次のようなテーゼを発表しています。

1. 海を制する者は世界を制す
2. いかなる国も、大海軍国と大陸軍国を同時に兼ねることはできない
3. シーパワーを得るためにはその国の「地理的位置」「自然的構成」「国土の広さ」

「人口の多少」「国民の資質」「政府の性質」の6条件が必要である

これは現代においても、また秀吉の時代においても通用する永遠の真理のように思えます。当時のスペインやポルトガルがやっていたことはまさにこれでした。秀吉は目の前に絶好のロールモデルがあったのにその存在に気づかなかったのです。

これに対して、海から切り離されて遠くに逃げられない状況で、異民族と戦いながら生存競争を勝ち抜いてきた国を「ランドパワー」といいます。支那の王朝は基本的にランドパワーです。明朝は沿岸部で外国との貿易に勤しんでいましたが、内陸部では異民族との戦いが続いていました。

ちなみに、明朝を滅ぼして清朝を打ち立てた満洲族も、典型的なランドパワーです。ランドパワー地政学の考え方は、カール・ハウスホーファーが提唱した5つのテーゼに集約されます。

1. 生存権と国家拡大理論
2. 経済自給自足論（アウタルキー）

3. ハートランド理論とランドパワーとシーパワーの対立
4. 統合地域（パンリージョン）
5. ソ連とのランドパワー同盟による世界支配

ランドパワー国家は、自国に必要な資源を交易ではなく自給自足で得ようとします。「国家は自給自足するために、その資源を支配しておく権利がある」という考え方に基づくものです。ランドパワーの考え方はゼロサムゲームに近く、「国家間の生存競争は地球上の生活空間を求める競争」ととらえています。

実は、秀吉が天下統一に向けて行ってきた戦いは基本的に陸上の戦争であり、どちらかというとランドパワーの発想に近いものだったといえます。もちろん、この理論は当時存在すらしませんでしたので後知恵《あとぢえ》ですが。

勝者の呪い

とはいえ、秀吉の成功体験としてランドパワーの地政学が心に深く刻まれていたことは事実ではないでしょうか。これこそが「勝者の呪い」です。勝者はその勝利をもたらした要因によって、いずれ失敗するのです。

人は成功体験に縛られ、同じやり方で勝利を得ようとします。ところが、ある時点で勝利を得るための根本的なルール、状況がガラっと変わることがあります。

日本の安全保障戦略において、それは海を渡ることです。海は海でも、瀬戸内海や関門海峡のような小さい海ではなく、太平洋や日本海という大きな海を渡るとき、これまでの陸上戦闘の「必勝パターン」は成り立たなくなります。

秀吉に必要だったのは、もっと大きな地図を使って東アジア全体を見渡すことでした。日本の置かれた地理的状況をよく見れば、海上兵力の重要性はわかるはずです。強力な海軍によって海洋覇権を確立することで、初めて世界中に軍事力を展開することが可能になります。そういう意味で、日本はシーパワーにならざるを得ない運命なのです。

また、仮に世界地図がなくても「貿易利権を獲得する」という発想からシーパワーの概念にたどり着くこともできました。例えば、秀吉は支那の高価な壺の市場を独占することも視野に入れていたと聞きます。その目標を達成するために、生産地を占領することだけが解ではありません。

東シナ海、南シナ海の海洋覇権を押さえて、物流を完全にコントロール下に置くという方法もあります。交通の要所に海関を設けて通行料を取る代わりに、日本の水軍が安全を保証するというやり方です。

実際に、日本国内では瀬戸内海の水軍がそれをやっていたにもかかわらず、なぜそのビジネスモデルに気づかなかったのか。商人出身の秀吉にしては痛恨のミスだったと思います。

オフショア・コントロール

さらに言えば、秀吉は1591年に関白を甥の秀次に世襲させた際、隠居先を京都の伏見城ではなく、唐津の名護屋城にすればよかったのではないでしょうか。

自ら「九州大名」「海賊大名」になって唐津近隣を開発して港を作り、貿易利権を独占しつつ、外洋に船を乗り出すことも可能であったでしょう。当時の日本銀のパワーは東アジア地域を席巻していたので、それは難しい話ではなかったと思われます。

しかし、秀吉は自らの成功体験に縛られ、「第2部」で説明した通りの服属の要求と征伐というビジネスモデルを押し通そうとしました。その証拠に秀吉は世界各国に日本に入貢せよという書状を送っていました。

「入貢要請」→「拒否」→「戦争」→「仕置き」というのは、日本の陸上戦闘においては黄金の勝ちパターンですが、遠い海外では必ずしも成功するモデルではありません。何度も言いますが、その前提となる「強力な海軍」の建設に気が回っていなかったからです。

仮に、どうしても朝鮮半島を攻めるのであれば、「水軍の勢力圏内にのみ消極的に陸上兵力を展開する」というやり方もあります。海から陸をコントロールするやり方を「オフショア・コントロール」と言います。実は、この戦略は現代でも支那封じ込めに有効な戦略だと言われています。

「慶長の役」では結果的にオフシェア・コントロールのような布陣になりましたが、敵の猛攻に耐えて拠点を守り通しています。本当は追い込まれてそうなるのではなく、むしろ積極的にそうするべきでした。

米国防大学戦略研究センターの上級リサーチ・フェローで元海兵隊員のトーマス・ハマス氏は、２０１２年12月、『プロシーディング』誌に「オフショア・コントロールが答えである（Offshore Control is the Answer）」という論文を掲載しています。

私が提案する代替戦略は、オフショア・コントロールである。この概念は、英国のオフショア・バランスとは異なり、中国のエネルギーや原料の輸入、工業品の輸出を遮断することが可能な米国の能力を確保するために、米国はアジア太平洋諸国と協力し合うものである。

オフショア・コントロールは、中国による第1列島線内の海洋の使用を拒否すると同時に、それらの島嶼《とうしょ》を防衛し、その領域の外側の空域及び海域を支配する。それは、中国のインフラを物理的に破壊するために中国領空に侵入するというよりは、経済的窒息をもたらし、遠方からの攻撃を可能とする軍事作戦構想である。

（出典：http://www.mod.go.jp/msdf/navcol/SSG/topics-column/col-046.html）

もし秀吉が東シナ海、南シナ海のオフショア・コントロールを目指すなら、マニラや寧波など交易の拠点となる都市を集中的に攻撃して占領しておくべきでした。もちろん、そのためにはやはり強力な海軍が必要ですが、オスマントルコ帝国のように敵の城から離れたところに大軍を上陸させて陸戦で殲滅、占領するという作戦も可能でした。攻略ポイントがマニラとか寧波といったピンポイントなら朝鮮半島全体を攻めるよりずっと成功確率は高かったでしょう。

秀吉が「海軍」を作っていれば、歴史は変わった!?

とはいえ、やはり強力な海軍があるにこしたことはありません。秀吉が最初にやるべきことは「海軍建設」でした。具体的には、このころ整備された全国を貫く輸送インフラを使って物資を集め、ポルトガル船を丸パクリした船を作り、それにコピー技術で作った大砲を搭載する。そして、これらを使って敵認定した国の船に賊船行為を行う許可を出しておけばよかったと思います。

もちろん、外国の港に行って商売するのも自由――。それなら、わざわざ嫌がる大名たちを朝鮮半島に送り出さなくても、みんな儲けるために勝手に行ったでしょう。日本の貿易船とも海賊ともつかない船が東アジア海域で暴れまわれば、明朝は賊船行為を何とかしてくれと交渉のための使者を送らざるを得なくなります。そのとき、寧波などの主要な港の租借権を要求すれば、大規模な陸上兵力を朝鮮半島から送らなくても明を屈服させることは可能であったかもしれません。

しかも、当時敵はまだ弱く、秀吉にはそれをやる力がありました。マニラを守るスペインは落ち目で増援は期待できませんし、イギリス海軍は発展途上でまだまだ力はありません。

なんと惜しいことをしてしまったのか……。もちろん、これは全部後知恵ですが。

「貴穀賤金」という素朴理論

さて、ここまで秀吉が海洋覇権より領地を求めた理由について述べてきましたが、視点を少し変えてもうひとつのあり得た可能性について述べたいと思います。それは秀吉が、後に「貴穀賤金《きこくせんきん》」と呼ばれる素朴理論を頭から信じ込んでしまっていたという可能性です。

貴穀賤金というのは、江戸時代に成立した価値観で「米などの農産物は、貨幣よりも貴い」という考え方です。日本では新井白石の時代からインテリ層を中心に根付いた経済思想と言われています。

私はこの思想の源流は室町時代後期から安土桃山時代にかけての貨幣制度の混乱期のトラウマ体験にあると推測します。

「第一部」でも解説した通り、この時期銅銭の価値が揺らぎ各地でローカルルールが勝手に作られていました。支那やポルトガルとの貿易をしていた西国では銀貨が普及しますが、京都周辺では米を物品貨幣として使う取引が盛んになったのはすでに述べた通りです。

銅銭は価値が不安定でアテにならず、米のほうが貨幣として信用できるという状況が100年単位で続きました。

十六世紀末になると、金貨と銀貨が急速に普及し、貨幣制度の混乱は商取引のベースでは収まりました。ところが、人々の記憶にはこの経済的な混乱が強く刻み込まれたままでした。しかも、秀吉が石高制を導入してしまったため、この認知バイアスは強化されてしまいます。

なぜなら、米の物品貨幣としての価値が納税手段として公認され、存続してしまったからです。ここに「金よりも農産物のほうがアテになる」という思い込み（認知バイアス）が生まれました。

そもそも秀吉が石高制を導入したのも、ひょっとしたら秀吉自身がこの認知バイアスに捕らわれていた可能性も否定できません。いや、京都周辺では米を物品貨幣として流通させるのはむしろ常識だったのです。デフォルトがむしろこちらでした。

信長はこの点で秀吉よりも貨幣経済に深い理解がありました。だからこそ、米を貨幣として取引することを禁止し、金貨と銀貨の普及を目指していたのです。ところが、秀吉はこの信長の政策だけはなぜか引き継ぎませんでした。そのせいで人々の誤解もそのまま江戸時代に引き継がれてしまったのです。

「貴穀賤金」的な発想からいけば、強力な海軍によって貿易を押さえるという戦略は領地を押さえるわけでもなく、フワフワして実体のないものに映ったでしょう。土地を収奪すれば、そこで生産される農産物の一部を年貢として徴収することが可能です。

これに対して、貿易は生産活動ではありませんので米も絹も生みません。単にそこにあるものを別の場所に持って行って交換するだけの行為です。

海の上で銭を稼ぐことより、土地から米を取るほうがいい――。秀吉がもしこのような発想に基づいていたなら、朝鮮半島から版図を広げつつ支那に至るというルートを選択した理由も理解できます。

また、これまでの九州分国、奥羽分国からの仕置令という流れが領地の分割と石高制の導入であることを考えれば、「唐入り」もその延長であるというとらえ方も可能です。これまでの成功パターンが、極めて「貴穀賤金」的な発想に親和性のあるスキームだったといえるのではないでしょうか。

「大陸侵攻」への準備

1590年、平定されたはずの奥羽地方で大規模な「一揆」が続発しました。9月下旬に仙北地方で蜂起した一揆は由利、庄内へ波及し、奥州全域へと広がっていきます。秀吉は秀次を総大将として徳川家康、上杉景勝を主力とする討伐軍を編成して徹底的に鎮圧しました。翌1591年奥羽一揆の鎮静化を見て、同年8月全国的な国勢調査（「家数人数改」、通称「人掃令《ひとばらいれい》」）が実施されました。

また、同時に全国の大名に命じて「御前帳」の提出を命じます。御前帳とは天皇に提出される検地帳のことです。こうすることで全国の人口と兵糧《ひょうろう》の生産力を把握し、戦争への準備を整えたのです。

全国の御前帳と国図絵を禁中に収めることで、みずからのもとに権力の集中が完了したことを示威したのである。同時に、「唐入り」に臨む諸大名の軍役人数は、この御前帳に記載された石高に基づいて算出されることになる。

また、秀吉は全国各地に蔵入地（政権の直轄地）を設定した。それは時に大名領の内部に設けられ、「楔」として機能することになる。豊臣政権は蔵入地を通して、大名経済をコントロールする環境をかたちづくったのである。

（出典：『文禄・慶長の役』中野等／吉川弘文館）

秀吉の大陸侵攻へ向けた軍事面での準備が着々と進むなかで、外交面での手続きも進捗していきます。もともと秀吉は、1586年の九州国分が完了したら、間髪おかずに朝鮮を攻撃するつもりでした。

しかし、対馬の宗義調の説得で派兵は猶予《ゆうよ》されました。派兵猶予の間に朝鮮は京都に使者を送るべきであり、もし送らないのなら「凶徒」として征伐される対象となるというのが外交上のロジックです。

例えば、九州征伐においては島津氏が「凶徒」として仕置きされました。秀吉のヤバさに気づいた島津氏は、配下の琉球王国に対しても状況がシャレになっていないことを伝えます。「いつまでも秀吉を無視していると〝凶徒〟認定されて征伐されるぞ！」ということを再三伝えた結果、1589年に琉球王国は秀吉に使者を送り天下統一を慶賀しました。

ちなみに、当時は先に訪ねて行くことは、「服属の証《あかし》」という常識があったので秀吉は大喜びしたそうです。秀吉が宗氏を通じて朝鮮王国に促したのはまさにこれと同じことでした。

対馬の宗氏の外交努力により、朝鮮からの使節もやっと到着します。奥羽一揆鎮圧直後の１５９０年10月のことです。秀吉は向こうからわざわざ訪ねてきたからにはもう服属は達成されたと考えました。

そして、朝鮮国王に対して「征明嚮導」を要求する国書を持ち帰らせます。征明嚮導とは、明という「凶徒」を征伐するので、道案内をしろということです。もちろん、当時明の属国だった朝鮮は非常に困った立場に陥りました。

秀吉の大きな誤解

その後、秀吉は１５９１年7月、ポルトガルのインド副王に宛て、9月にはフィリピン（小琉球）に宛て日本への服属を要求する書状を送りました。もちろん、ポルトガルもスペインもそんなものは拒否したかったでしょう。しかし、日本との貿易関係や日本からの軍事的な侵攻を恐れて、引き延ばしを図りました。

１５９１年12月、秀吉は関白職を甥の秀次に世襲させ、「大明国への御動座」を実行に移しました。1592年1月、「御陣普請一所にこれあるべき、書きたての事」という軍令と、「掟」が発表されました。

それは九州名護屋にたくさんの軍勢が移動するので、街道筋の人々はそれに協力せよという内容で、軍勢の宿泊地における逃散《ちょうさん》禁止、商人への通常営業の徹底、妨害行為の処分などを定めたものでした。

事実上の「国家総動員令」と言ってもいいでしょう。しかし、ノリノリの秀吉には大きな誤解がありました。

秀吉は宗義智に対し、「高麗」つまり朝鮮は先年使節を派遣してきたので、日本の軍勢が朝鮮国内を通行することに問題はないと思われるが、いちおうその確認を行うため、小西と共に朝鮮へ渡れ、と命じた。先年の使節とは天正十八年のものを指すのだが、前述のように、秀吉の意識のなかで、これは紛れもなく服属の使節であった。こうした「誤解」が、さきのような認識となって現れたのである。〈中略〉

秀吉は文書の後半で、朝鮮が軍勢の通行に異議を唱えるようなことがあれば、四月一日を期して上陸・討伐に踏み切ると述べている。とはいうものの、秀吉には朝鮮もみずからに服属した土地であるという意識、もしくは「信念」のような思いも強かったように見受けられる。

（出典：前掲書）

シーパワーに対する無理解に加えて、秀吉は朝鮮王国の出方を完全に見誤っていました。朝鮮はいつの時代も「事大主義」であり、強いものにつき従うのみです。現時点で「明のほうが日本より強い」と思っていれば、朝鮮が日本側に寝返ることはありません。

ところが、秀吉は先に使節が訪問したという事実と当時の常識を持って、すでに朝鮮が服属したと思い込んでいました。

信長の部下だったころの秀吉なら、こういった現状把握のミスに気づいたらすぐに訂正して改善を行っていたでしょう。しかし、国内無敵の太閤様になってしまうとメンツが邪魔をしてなかなか間違いを訂正できなくなります。

朝鮮出兵以降、秀吉はたびたび作戦の勝利条件を変更せざるを得ない状況に追い込まれますが、そのたびに決断が遅れ傷口が広がりました。もちろん、当時の日本の鉄砲歩兵は世界最強であり、明と朝鮮の連合軍相手に負け知らずであったことは事実です。

しかし、戦闘で勝っても戦略目標が達成できないという大東亜戦争時の大本営みたいな状態になってしまったことも、また紛れもない事実でした。元はといえば、「シーパワーの概念を理解しないままの大戦略」というグランドデザインに問題があったのです。

第6章　「朝鮮出兵」失敗の本質

連戦連勝の日本軍だったが――

1592年4月13日、小西行長の軍勢が釜山《プサン》城を包囲し、豊臣秀吉の軍事作戦がスタートしました。緒戦は日本軍の連戦連勝で、5月3日には漢城（現ソウル）が陥落していました。

実は、朝鮮国王は日本の軍勢が到着する数日前に漢城を脱出し、その後、奴婢《ぬひ》（奴隷）たちが街に火をつけて焼いたのです。奴婢である過去を消し去るため、戸籍を焼く行為だったと言われています。

それほどまでに、朝鮮王国の身分差別は酷いものでした。ご存じの通り朝鮮は「両班」という貴族と奴婢という奴隷の厳しい身分差別のある社会でした。そのため、朝鮮半島南部の奴婢階級は当初日本の軍勢を「解放軍」だと考え、歓迎したといいます。奴婢たちの放火のおかげで小西行長、加藤清正、宇喜多秀家《うきたひでいえ》、毛利吉成、黒田長政らの軍勢は漢城に無血入城できました。

漢城に集結した武将たちは今後の方針について協議しました。ここで意見が2つに割れます。

少数派は加藤清正です。秀吉の出兵目的である「征明」をガンガン進めるべきで、話し合いなど不要だと主張しました。

これに対して毛利輝元《てるもと》などの多数派は、実際に見た朝鮮の国土の広さから、今の兵力では全土の掌握は困難と考えていました。そこで、朝鮮を8つに分割してそれぞれが安定支配をすることにします。

強硬派の加藤清正は、明に一番近い咸鏡道《かんきょうどう》に配置されました。加藤清正の軍勢は連戦連勝で、豆満江《とうまんこう》を越えて「おらんかい」と呼ばれた満洲の女真族《じょしんぞく》支配地域にまで到達します。

しかし、「おらんかい」は「むかしの伊賀・甲賀のごとく」あまり実りのない土地であり、占領することなく早々に撤退しました。一説によればこれは威力偵察だったのではないかとも言われています。

6月に入ると、朝鮮国王が避難先の平壌からも逃亡します。小西行長は平壌の朝鮮軍との攻防戦をたった一日で終了し、占領しました。平壌には朝鮮全土から集められた兵糧が残っており、行長はこれを労せずして手に入れます。ここまで日本の軍勢は連戦連勝でした。

ところが、平壌陥落に前後して、山に逃げていた両班たちがゲリラ活動を開始しました。正規軍同士の戦闘では無敗の日本の軍勢も、守りが手薄なところを狙って仕掛けてくるゲリラ攻撃には苦戦します。発見したゲリラは簡単に滅ぼすことができましたが、大半のゲリラは山に籠って姿を見せません。

毛利輝元は5月下旬、慶尚道星州で書いた書状に「朝鮮の人びとは日本の軍勢を『ばはん衆』、すなわち倭寇《わこう》と見なしていったんは山に逃れるが、日本勢が少人数で行動を始めると半弓によって攻撃してくる（出典：前掲書）」と書いています。

明の援軍決定とゲリラ活動

そして悪いことは続きます。実は秀吉の「征明」計画の情報は琉球を通じてとっくに明に漏れていたのです。小西行長の平壌攻略戦の最中に、明は朝鮮救援を決定しました。

さらに、これより少し前から朝鮮水軍の抵抗が始まりました。まだ日本軍の攻撃を受けていなかった全羅左道水軍が南下してきたのです。この水軍を指揮したのが李《り》舜臣《しゅんしん》です。

5月7日、対馬の対岸にある巨済島で、5月29日には泗川《しせん》沖で日本の水軍が相次いで撃破されます。

これらの情報は秀吉の耳にも入るところとなりますが、6月3日時点で、秀吉は「征明」計画を変更しませんでした。唯一秀吉が妥協したのは、自身の渡海スケジュールを来春までの延期することです。その代わり、朝鮮半島全土を支配するために奉行衆、御小姓衆を派遣し、代官所を設けるように命じました。

ところが、明の援軍決定、水軍の反撃などのうわさが広まり、朝鮮半島各地のゲリラ活動はますます活発化していきました。もちろん、戦闘において日本の軍勢は連戦連勝ですが、ゲリラとの果てしない戦いに次第に消耗の色が濃くなっていきます。

戦況の変化を察した秀吉は7月3日、ついに当初の作戦計画を変更するに至ります。「征明」は先送りし、「まずは朝鮮半島内の支配を優先する」という新たな勝利条件が課されました。結局、漢城の談合の際に多数派が一致した見解と同じ命令が出されたわけです。

現場でとっくに気づいていたことを、今ごろ秀吉は理解したのです。トップが現場の状況に疎《うと》く、メンツにこだわって決断が遅れる――。とても危険な兆候でした。

ついに、明軍と激突！

7月に入り、ついに祖承訓《そしょうくん》に率いられた明軍と小西行長の軍勢が平壌で激突します。もちろん、戦闘は日本軍の勝ちです。この報を受けて明朝は李如松《りじょしょう》を軍務提督とするさらなる増援軍派遣を決定しました。

そして、軍が到着するまでの間、講和を偽装した時間稼ぎが行われます。小西行長はこの計略にまんまと騙されてしまいます。行長を騙したのは、倭寇と交流があり日本事情に詳しいという触れ込みの無頼者で、沈惟敬《しんいけい》という人物です。

8月29日、沈惟敬は小西行長と会談を持ち50日の休戦後、講和することで合意しました。ところが、休戦協定の期限が切れても講和の交渉が始まりません。それもそのはず、敵は着々と反撃の準備をしていました。

1583年1月15日になると、李如松が率いる明の増援など約5万の軍勢が平壌を三方向から包囲しました。日本側の兵力は1万5000程度。全滅は確実かと思われました。

しかし、日本側は敵の攻撃をしのぎ切り、敵軍に甚大な被害を与えます。一般的に攻城戦において攻撃側は不利です。明軍、朝鮮軍は日没とともに撤退してしまいました。その隙をついて行長の軍勢は平壌を脱出します。この戦いで日本側には１６００人の戦死者が出たと言われます。

行長と同じく、この時期に朝鮮各地で攻撃を受けた日本の軍勢は戦闘には勝利するも兵糧不足などの理由から撤退を開始しました。ひとまず目指すは漢城です。1月21日にはほとんどの軍勢が漢城に再び集結していました。

行長を撤退させて調子に乗る李如松は当然追撃の手を緩めません。日本側は兵糧に不安があるため、漢城を包囲されれば消耗戦になり不利です。そこで、再集結した日本側は「籠城せずに李如松を迎撃し、包囲される前に撃破すべき」という結論になります。

1月27日漢城の北16キロの碧蹄館《へきていかん》という場所で、日本の軍勢は明・朝鮮連合軍を迎え撃ちました。結果はもちろん日本側の圧勝でした。李如松は落馬しあわや討ち死にというところまで追い詰められ、命からがら逃亡します。このときのトラウマから李如松は平壌に立て籠って出てこなくなってしまいました。

「休戦」の４条件

そのころ、日本では平壌からの小西行長撤退の報を受けて、秀吉が東国勢を増派する計画を進めていました。しかし、朝鮮半島に駐留する日本の軍勢の内部には厭戦《えんせん》気分が蔓延します。

しかし、これは明軍内部も似たようなものでした。そのため、３月に入ると無頼者の日本通、沈惟敬が再び登場し、小西行長と和平交渉が始まりました。もちろん、一度騙されている行長は、今回ばかりはおいそれと沈惟敬の提案には乗りません。

とはいえ、漢城の兵糧不足は深刻な状況でした。しかも、３月中旬に明軍の仕掛けたゲリラ攻撃で漢城の南にあった竜山館の食料が焼かれるという事件も発生しました。兵糧不足は深刻化の一途をたどります。

しかし、停戦しないまま撤退すれば追撃されて甚大な被害を蒙《こうむ》ることは確実です。ここは多少リスクを取ってでも沈惟敬の提案を受け入れて休戦状態に持ち込むしか選択肢はありませんでした。

休戦の条件は、以下の４つです。

①　明からの講和使節を日本に派遣
②　明軍の朝鮮からの撤退
③　日本軍の漢城からの撤退
④　朝鮮の王子二名と従臣の身柄送還

（出典：『文禄・慶長の役』中野等／吉川弘文館）

ポイントは①です。前述の通り、先に使節を派遣してくるということは服属と同じ意味であるという常識が当時はありました。これで秀吉が満足すれば当面の目的は達したことになります。そして、戦争は終わる——。

そのような計算が行長にあったのかもしれません。秀吉は明が詫びを入れてきたと錯覚し、この講和を非常に喜んだといいます。

しかし、明軍は明の朝廷に許可を得ることなく独断でこの講和を成立させてしまったようです。後に使節として日本に送られたのは謝用梓《しゃようし》と徐一貫《じょいっかん》という武将でした。朝廷に公認されていない、いわばでっち上げの使節だったのです。

しかし、日本側はこの講和の成立によって、無事漢城から撤退することができました。新たに拠点となったのは、釜山を中心とする東西の海岸線沿いの城塞です。試行錯誤を繰り返して、やっとオフショア・コントロールに近い戦略に行きついたわけです。

明からの偽使者は、5月23日に名護屋城内で秀吉に謁見しました。秀吉は「大明日本和平条件」という和平案を突きつけます。そのなかには、「明朝の皇女を天皇の后妃として日本に嫁がせる」「貿易の復活」「朝鮮の日本への帰属」などの条項が入っていました。

つまり、朝鮮は文禄の役で国分され仕置きされるということが前提の和平案だったのです。秀吉がそう考えたのも無理はありません。首都の漢城は陥落し、国王は逃げ去り、しかも、明から先に使者を遣わせているわけですから。

しかし、形式上朝鮮が滅んだと認定したところで、武力を背景としない交渉はうまくいくはずがありません。秀吉の軍勢は連戦連勝ではありましたが、ゲリラ戦に手こずり15万の兵力をもってしても朝鮮全土の制圧はできませんでした。

それどころか停戦による撤退で、今は釜山を中心とするごくわずかな拠点を守る4万の兵力しか駐留させていません。交渉にハッタリはつきものとはいえ、さすがに大きく出過ぎた感は否めません。秀吉は九州国分のときに島津氏に譲歩しつつもむしろ有利な交渉を展開した過去を思い出すべきでした。

妥協したとはいえ、結局島津氏は秀吉に従い、琉球王を説得してくれたではないですか。なぜこれぐらいで満足できなかったのか。

6月28日、偽使節は名護屋を発《た》って朝鮮半島に戻りました。明の皇帝に講和条件を伝え、戻ってくるという約束をして。

「文禄の役」最後の戦闘

この和平交渉の最中に、「文禄の役」最後の戦闘が行われました。戦場となったのは釜山から約90km西にある晋州城です。この城には前年（1592年）7月に決起した郭再裕らのゲリラ軍と朝鮮の正規軍が合流して立て籠っていました。

釜山周辺の城塞郡のなかで最も西側にある熊川の城塞からだと、直線距離にして60km、陸伝いに行っても70kmほどしか離れていません。釜山沿岸の拠点を確保する上で、最大の脅威が晋州城でした。

秀吉は「もくそ城（晋州城…筆者注）取り巻き、仕寄せ築山申し付け、手負い之無き様に、覚悟せしめ、日柄取り候とも、丈夫に仕り、一人も漏らさず、悉《ことごと》く討ち果たすべき事」と命じました。完全なる殲滅戦で皆殺しにしろということです。

これは秀吉の常套《じょうとう》手段であり、紀州和泉の一揆鎮圧の際にも、千石堀城攻防戦で同様の命令が出ています。仕置きに逆らうとどういう目に遭うのか――、見せしめにしようとしたのです。

宇喜多秀家は晋州城を包囲し、戦闘は6月21日から29日までの8日間行われました。もちろん、まともな戦闘において日本側が負けるはずもありません。圧勝でした。釜山駐留軍の当面の脅威は取り除かれました。これで文禄の役が終わります。

秀吉が当初示した勝利条件は「征明」でした。しかし、それは朝鮮半島の支配に後退した後、実質的には沿岸部の拠点確保に落ち着かざるを得ませんでした。最初からこれだけやっておけば犠牲ももっと少なくて済んだはず。武将や兵の徒労感は半端ではなかったでしょう。

ルイス・フロイスの『日本史』によれば、動員された兵力は15万人、死者は5万人とのことです。朝鮮側の被害については資料が残ってないそうです。安易にその数字を出すことは止めておきますが、日本側とはケタの違う被害であったと思われます。どちらの国にとってもまったくメリットのない戦いでした。

繰り返しになりますが、秀吉がやるべきだったのは、日本海の海洋覇権を確立することでした。そのためには強力な海軍を建設し、海上航路上の重要な拠点（チョークポイント）を確保しなければなりません。

そうすれば貿易を拒む朝鮮や支那にも直接乗り込んで、無理やり開港を迫ることもできたでしょう。後に、日本がアメリカのマシュー・ペリーにやられたあの方法でよかったのです。

ちなみに、その後の欧米の列強ですら、日本と不平等条約を結ぶことはあっても、領土を占領することはありませんでした。それだけ陸地の占領にはコストがかかるということです。

秀吉はそのことを理解せず、「海軍の強化」などのステップを飛ばして、国内の仕置きのノリで朝鮮出兵を進めていました。まさに、戦略のグランドデザインが最初から間違っていた――。これこそが、失敗の原因だったのです。

関白・豊臣秀次が謀叛!?

この秀吉の強引さに不満を持つ人々がいたことも事実のようです。そして、事件は起こりました。支那に戻った使節が、明の皇帝の返書を持って帰ってくる間の出来事です。

1595年7月3日、秀吉の後継者であり、現職の関白だった秀次が突然謀叛の疑いをかけられ、秀吉の側近である石田三成《いしだみつなり》、増田長盛《ましたながもり》、前田玄以《まえだげんい》、富田智信《とみたとものぶ》に糾弾されます。秀次は高野山に追放され蟄居《ちっきょ》、出家しましたが、7月15日には切腹を命じられます。

しかも、秀次一人だけでなく一族郎党合わせて約30人が三条河原で処刑されてしまいました。なぜこんな凄惨な事件が起こったのか。

歴史学者の藤田達生氏は、この事件の伏線にあった豊臣政権の内部対立を次のように分析します。

> 実は、奥羽仕置の頃までに豊臣政権は二派に分かれる深刻な内部矛盾を抱えていた。第一のグループが、三成ら側近層を中心とする旗本集団と、それによしみを通じる外様大名たちである。具体的には、毛利氏・島津氏・上杉氏ら統一戦のなかで旗本衆との関係を利用して地歩を築いた有力大名衆である。三成を中心に形成された派閥だったが、権限を政権に集中して集権的な軍事国家をめざす外征肯定派ということができよう。

第二のグループが、関白豊臣秀次（秀吉甥、近江豊臣家）・豊臣秀保（秀次弟で豊臣秀長の養子、大和豊臣家）・小早川英俊（秀吉甥……後に秀秋に改名／筆者注）そして秀吉の義理の弟となった徳川家康らの一門大名衆である。かつてこの派閥は、天正十九年正月に没した豊臣秀長と、その直後の二月に第一のグループの策動で死に追いやられた千利休を中核的なメンバーとして、相互に良好な関係で結ばれていた。内政の充実を重視し外征には批判的な派閥だった。〈中略〉

厭戦気分さえ漂い始めていた朝鮮出兵は、現職の関白であり、秀吉の後継者とみられていた秀次を葬るという異常な粛清によって、慶長の役として継承されていく。

（出典：『天下統一　信長と秀吉が成し遂げた「革命」』藤田達生／中公新書）

イケイケの秀吉に対して、まぁまぁみんなで仲良くという秀長。豊臣政権はこの兄弟の絶妙なバランスで成り立っていました。ところが、文禄の役の直前の1591年2月に秀長は亡くなってしまいました。同年、千利休も切腹させられています。

文禄4年の政変

そして、運命の文禄4年（1595年）4月に第二グループの中核を担う大和豊臣家の秀保が亡くなってしまいました。享年は、数えで17。この若すぎる死を巡っては後世暗殺説も出ています。

6月には秀次が最も頼りにしていた甲斐国府中の浅野幸長が能登に流されてしまいます。幸長の父（政長）は秀吉の正室であるねね（北政所）の義弟でした。

この事件の直接の引き金は同年2月の蒲生《がもう》氏郷の死去に伴う相続問題でした。秀吉は氏郷の嫡子《ちゃくし》秀行（この時点では幼名、鶴千代）の重臣が提出した検地目録の内容が過少申告であると見抜き、徹底調査を命じます。実は、蒲生家の重臣たちは年貢からネコババしていたのでした。過少申告はネコババの隠蔽工作でした。

秀吉はこの件の処分として、蒲生家の会津92万石の領地を取り上げ、近江の堪忍分2万石への減封を命じようとしました。しかし、当時この手のネコババは全国各地、それこそ至る所で行われていました。

もし、このような厳罰を下せば全国の大名から大変な反発を食うかもしれない。し

図表7　「文禄4年政変」の推移

	事項
2月	蒲生氏郷の死去、嫡子秀行への相続問題が発生する
4月	豊臣秀保が死去し、大和豊臣家断絶する
6月	浅野幸長が能登に配流される
7月	秀次事件。諸大名が血判起請文を提出する
8月	御掟・御掟追加の発令。秀吉が伊達政宗の嫌疑を否定する。 菊亭晴季（秀次正室父）が越後に配流される
9月	関係者供養のため千僧会を営み、事件の幕引きとする

出典：『秀吉と海賊大名　海から見た戦国終焉』藤田達生／中公新書

かも、蒲生家の後見人は徳川家康なので、もし家康に責任が及ぶようなことがあれば再び大戦争に発展するかもしれません。

ところが、この件で家康を潰すのはむしろ秀吉の狙いだったという説もあります。戦争ですら望むところだったかもしれません。いずれにしろこの件をネタに政争を起して、家康を失脚させようとしていたのです。何のために？

その答えは、秀次事件の幕引きを図る際に書かれ、豊臣大名全員が署名させられた起請文にあります。

①「御ひろい様」に対し、表裏別心なく仕えること

②「太閤様」（秀吉）の法度と置目《おきめ》を守

ること

③「御ひろい様」をないがしろにし、「太閤様」の置目に背いた者は誰であっても糾明のうえ成敗すること

④「坂東」(東国)は家康、「坂西」(西国)は輝元が管掌すること

⑤ふだんは在京して「御ひろい様」に奉公すること、とりわけ家康と輝元の下国は交代で行うこと

(出典:『上杉景勝と戦国時代　天下人の真意とは?　上杉景勝と二度の転封』宮本義己/歴史群像デジタルアーカイブス)

「御ひろい様」とはいったい誰でしょうか。それは文禄の役の真っ最中、1593年8月に生まれた豊臣秀頼のことです。秀吉は実子の秀頼に家督を相続させたいと強く思っていたようです。

そのために、これまで自分のブレーキ役だった弟の秀長に連なる人脈を粛清したのではないでしょうか。そうすれば、自らの権力を独裁に近いレベルにまで強化でき、持てる者すべてを秀頼に譲ることができます。

そんな秀吉の気持ちを忖度《そんたく》し、自らの出世に利用したのが石田三成、増田長盛など

図表８　秀吉側近の大名化

名前	役職など	石高	前任大名
石田三成	近江佐和山城主・京都所司代就任	30万	堀尾吉晴（豊臣秀次家老）
増田長盛	大和郡山城主・京都所司代就任	20万	豊富秀保（大和豊臣家）
前田玄以	丹波亀山城主・京都所司代	？	小早川秀俊（秀吉甥）
長束正家	近江水口城主就任	５万	石田三成
富田知信	伊勢安濃津城主就任	５万	織田信包

出典：『天下統一　信長と秀吉が成し遂げた「革命」』藤田達生／中公新書

の側近グループです。秀次事件の後に、彼ら側近グループが得たものは〈図表８〉の通りです。

彼らは「五奉行」としてポスト秀吉体制を支える「大物官僚」たちです。そして、彼らこそがこの政変の直接の利得者でした。さらに、この政変によって秀吉の失敗を指摘する人間は誰一人いなくなり、朝鮮出兵の継続が確定的となります。

再派兵「慶長の役」

秀次事件の翌年（１５９６年）の８月、明の正式な使節が堺に到着しました。しかし、前月に近畿地方を襲った大地震の被害がことのほか大きく、秀吉の使節引見《いんけん》はしばらく延期されました。秀吉が使節に会ったのは9月のことです。このとき、秀吉は使節の労をねぎらい大いに接待しました。

ところが、その後堺で引き続き僧侶たちに使節を接待させているときに事件が起こります。僧侶たちに対して、明の使節は日本側の城塞の完全撤去と軍勢の完全撤退を要求する書簡を渡したそうです。これを知った秀吉は激怒しました。

秀吉が講和に臨む前提は、あくまで「大明より詫び言」、すなわち明国の降伏であり、少なくとも諸大名などにはそうした説明を行ってきたという経緯がある。明国の降伏をうけた講和である以上、一定の領土割譲は実現する必要がある。これが果たせない場合、「大明より詫び言」というレトリックは破綻して、秀吉の権威は揺らぎ、ともすれば政権の瓦解《がかい》につながるおそれすらあった。権威を維持し、政権の命脈を保つうえで、朝鮮半島に領土を確保することが不可欠だったのである。

（出典：『文禄・慶長の役』中野等／吉川弘文館）

1596年9月、秀吉は朝鮮半島への再派兵を決定し、再び九州、四国、中国の大名が招集されました。しかし、今回の派兵の勝利条件は朝鮮半島南部の制圧と領土確保に変更されました。前回の「征明」からみると大幅に後退です。

しかし、どうせ後退するなら、現時点で確保している釜山周辺のエリアの要塞化と、朝鮮半島南部沿岸の新たなチョークポイントの確保ぐらいにしておけば良かったのに……。

秀吉は相変わらず、ランドパワー的な戦略を捨てきれずにいました。もう誰の言うことも聞かなかったのでしょう。動員された兵力は、総勢で14万人と言われています。

秀吉の再派兵における最初の戦いは巨済島海戦です。巨済島を本拠にして賊船行為を行う朝鮮水軍の為釜山の駐留軍はたびたび兵糧が遮断されるなど不都合を生じていました。そこで、藤堂高虎、脇坂安治、加藤茂勝らが１５９７年7月14日から3日間にわたってこれに攻撃を加え撃破しました。例の通り、正面切った戦いにおいて日本軍は無敵です。そして、この海戦で朝鮮水軍を率いた元均《げんきん》が戦死しました。

8月に入ると、毛利秀元を主将とする軍勢が陸から、宇喜多秀家を主将とする軍勢が海沿いに西に向かい、全羅道南原の制圧に向かいました。前回同様、正規軍同士の戦いでは日本が圧勝です。南原は15日間包囲された後、陥落。明・朝鮮軍は大打撃を受け潰走しました。日本側は一気に忠清道まで北上し、当初の戦略目的をほぼ達成しました。
9月6日、北上を続ける毛利秀元率いる軍勢は忠清道北部の京畿道との境目に近い稷山《しょくさん》で明軍と遭遇します。最初に明軍と戦闘状態になったのは黒田勢でした。毛利軍が駆けつけると明軍は撤退し、互いに決め手を欠いたまま戦闘は終わりました。

毛利・黒田の連合軍はそのまま北上を続け、京畿道の安城に入りましたが、周辺のゲリラを掃討しただけで再び南下しました。前回の反省を生かし、ゲリラ狩りをしながら一か所に留まらないように移動を続けていたのです。この点は宇喜多勢も同じだったようです。

9月16日、海沿いを行く宇喜多勢と呼応して海路西に向かっていた日本水軍が、鳴《めい》梁《りょう》海峡で李舜臣率いる朝鮮水軍に捕まります。朝鮮水軍は巨済島海戦でほぼ全滅していたのですが、李舜臣はわずかに残った10数隻の船で潮流を利用したゲリラ攻撃を仕掛けてきたのです。

この海戦で日本側は海賊大名の来島通総が戦死するなどの被害を受けましたが、朝鮮水軍はなぜか鳴梁海峡を放棄してはるか遠くに撤退しました。朝鮮側の記録にも戦いの5日後には全羅道の北端まで大きく後退していることが書かれています。

ゲリラ戦を得意とする朝鮮軍が入り江などに隠れて次の襲撃チャンスをうかがうな

らわかりますが、こんなに退いてしまったら日本側の補給線を断つどころではありません。戦闘には勝っても戦略的にはあまり意味のない戦いでした。

いや、そもそもこの戦いで朝鮮水軍が勝っていたかどうかも疑問です。むしろ二度目の朝鮮出兵に際して、日本側も相当学習し、対策を練っていたということでしょう。

当初の戦略目標を早々にクリアした日本勢は、前回の反省から内陸部での越冬は危険と判断し、南下して沿岸地域に拠点を作ることで一致します。毛利秀元は釜山、黒田長政は梁山、加藤清正は蔚山《ウルサン》、小西行長は順天、島津義弘は泗川などにそれぞれ築城することになりました。

秀吉の死

明軍、朝鮮軍は予想通り反撃してきました。12月22日、権慄《ごんりつ》の朝鮮軍と楊鎬《ようこう》、麻貴《まき》の率いる明軍が合流し、加藤清正の籠る蔚山の城塞に攻撃を仕掛けてきました。最悪なことに、この時点で蔚山の城塞の工事は完了しておらず、清正は不完全な状態のまま防衛せざるを得ませんでした。

しかし、清正をはじめとした日本の侍たちは敵の攻撃をしのぎ切り、救援を待ちます。26日、毛利吉成、山口玄蕃《やまぐちげんば》などが蔚山にほど近い西生浦に到着し、蔚山城内に増援の到着を知らせる信号を送りました。蔚山城内の日本勢は大いに元気づけられたといいます。

年が変わって1598年1月4日未明、救援のため日本の大部隊の到着を知った明・朝鮮の連合軍は援軍が到着する前に事を決するべく三方向から総攻撃を仕掛けます。

ところが日本勢はこれを何とかしのぎ切り、夜が明けるころには明・朝鮮の連合軍は撤退を始めました。救援部隊の到着で殲滅されることを恐れたからです。

しかし、この動きを察知した蔚山の日本勢は撤退する背後からこれを追撃します。たちまち明・朝鮮の連合軍は大混乱に陥り、大量の武器、兵糧を捨てて潰走しました。死者は2万人に達する大損害だったといいます。どこまでも正規軍同士の戦闘には弱い明・朝鮮連合軍は漢城まで撤退し、次の軍事行動は8月までお預けとなります。

ところが、この年の8月18日、秀吉が死んでしまうのです。秀吉が死んでしまえばキツイ朝鮮出兵も続ける理由はありません。翌年の大動員計画は即座に撤回され、朝鮮駐留軍の安全な撤退に向け方策が協議されました。

そして、出た結論は「前回同様、講和して背後を脅かされずに撤退する」というものです。9月には講和の方針が朝鮮駐留軍に伝えられ、講和条件も朝鮮王子の来日のみに絞られました。

「日本軍」撤退へ

大量の増援を得た明・朝鮮連合軍は、10月になると大軍を3つに分けて、それぞれ蔚山、順天、泗川に差し向けてきました。しかし、相変わらず正規軍の戦闘では日本に勝てません。順天では小西行長が、泗川では島津義弘が敵を撃破しました。

その後、行長に敗北して撤退した劉綎《りゅうてい》が和睦を申し込んできましたので、これに乗じて行長は一気に全体の講和をまとめ上げてしまいました。もう帰る気満々だったようです。

ところが、講和が成立して撤退しようとする行長を、突然明・朝鮮の連合水軍が包囲します。李舜臣の朝鮮水軍と明の水軍の連合軍が、講和で話がついているにもかかわらず攻撃してきたのです。行長ピンチの報を得た、島津義弘らはさっそく救援に向かいます。

そして、露梁《ろりょう》海峡で明・朝鮮の連合水軍の待ち伏せ攻撃に遭遇し、戦闘状態となりました。

11月19日無事乗船、護送して露梁海峡に来ると島津、文花（原文ママ……立花の誤植と思われる／筆者注）の船が朝鮮水軍（李舜臣）に帰路を遮られ苦戦していた。森甚五兵衛村重は早速立花の船を助け敵船を破り活路を見出してやった。世に露梁海戦とも漆川海戦ともいいこの海戦は敵の名提督李舜臣が戦死という大激戦であった。

慶長3年（1598）11月18日――19日のことで朝鮮役阿波水軍史の最後の一頁を飾り、舜臣の戦死によって七か年の戦役も全く終りを告げた海戦である。虎口《こぐち》を脱出することができた柳川待従立花左近宗茂は大いに悦び、阿波水軍の功績をたたえて早速伏見の大老五奉行へ報告をなし、又次のような自筆の礼状を家政にも送った。

〈出典：徳島県立図書館ＨＰ〈阿波水軍と朝鮮の役〉http://www.library.tokushima-ec.ed.jp/digital/webkiyou/09/0906.htm〉

このとき、阿波水軍の大活躍により島津義弘は朝鮮水軍を撃破します。そして、長年日本を苦しめた李舜臣はついに討ち取られました。いくらゲリラ攻撃が得意とはいえ、講和して撤退する日本勢を攻撃するとは卑怯千万《ひきょうせんばん》。天はそんな非道を許しませんでした。

李舜臣の目論見《もくろみ》は見事に粉砕され、行長は戦闘に参加することなく無事巨済島まで撤退を完了しました。

同年12月、日本勢は釜山の要塞を焼却し、相次いで帰国しました。〝秀吉の夢〟はここで潰《つい》えたのでした。

イケイケ度MAXだった秀吉の罪

この戦争によって、日本が得たものは何でしょう。秀吉は本音では支那との貿易を望んでいました。しかし、支那との関係はむしろ悪化し、同時にその属国である朝鮮との関係も悪化しました。

日本は兵力と兵糧を消耗し、しかも残された武将たちは深刻な内部対立に陥ります。2年後に「関ヶ原の戦い」が勃発し、この対立は現実のものとなっています。秀頼の権力承継の夢は早々に断たれたことになります。

その後の江戸時代の経済成長を見れば、秀吉がやるべきことは何だったのかわかります。もっと経済を振興して、国力を充実させ、少数でも強力な火力と機動力を持つ軍隊（特に「海軍」）を整備する――。これが秀吉の対外戦略を成功させるためにやるべきことでした。それは本書で私が繰り返し書いてきたことでもあります。

ところが、秀吉はイケイケ度が半端ではなかった。持てる力を最大限に使って、自分の代ですべてを成し遂げようとしてしまったのです。信長ですらそこまでできなかったのに……。

そして、秀吉のこのゴリ押しが、多くの武将にトラウマを植え付けました。「もうあんな戦争をするのは嫌だ！　もう少し緩くなぁなぁでやっていきたい」……。その思いに応えたのが徳川家康です。

家康は秀吉の失敗から学び、対外的な戦争は政権を崩壊させる可能性が高いと考えたのでしょう。その後の徳川幕府による外交政策は極めて消極的、内向きなものとなりました。日本の経済力をもってすれば、マニラ攻略に必要な軍事力など整えることは容易だったのにです。おそらく十八世紀半ばまで、約150年間そのチャンスはずっとありました。

しかし、朝鮮出兵の激しいトラウマと、江戸時代の平和ボケのせいで、ついに秀吉の危機感を継承する者は現れませんでした。迫りくる帝国主義の脅威は増大していたにも関わらず、徳川幕府はそれをないものとして隠蔽しました。信長や秀吉が何とかせねばならないとあれほど頑張ったのに……。

二代目経営者・秀吉の「自信」と「慢心」

むしろ、秀吉が秀長より先に亡くなっていたら歴史は変わっていたかもしれません。秀長は国内重視で対外的な戦争を行うことはなかったでしょう。そして、平和な世の中ともなれば、江戸時代を待たずして日本は「高度経済成長」していた可能性もあります。

経済的にはそのほうが圧倒的に大きなメリットがありました。すでに貨幣制度の混乱は収まり、全国の流通網は寺社勢力の手を離れ、戦国時代の富国強兵によって食糧生産も増加していたのです。おそらくこのまま何もしなくても豊臣幕府は大きな経済的果実を手にしていたでしょう。

しかし、秀吉はそこまで待てなかった。いや、待つ必要すらない――と考えていたのかもしれません。

信長を創業者とするなら、秀吉はそれを継いだ二代目経営者です。通常、二代目はボンボンで創業社長のようなイケイケとは違う経営になるのですが、秀吉自体もたたき上げだったために、その経営手法は初代のコピーでした。それは「天下統一」までの3年間だけうまくハマりましたが、それ以降はイマイチでした。

秀吉は関白を秀次に譲った時点で引退するか、前述したように自ら九州の海賊大名となって海洋国家モデルのリサーチをするべきでした。しかし、信長と同じ創業者タイプだった秀吉は、「俺が‼」という意識が強くそれができなかったようです。

もしかしたら秀吉には、「信長さまが成し遂げられなかったことを自分は3年で成し遂げたのだ」という強い自信があったのかもしれません。しかし、その自信はとんでもない勘違いでした。天はそんな秀吉の慢心を見逃しませんでした。まさに、引き際を間違えた――、そんな気がします。

そして、その秀吉の誤った判断を助長したのは石田三成をはじめとした「官僚」たちです。彼らは朝鮮出兵の成否なんておそらくどうでもよかったのではないでしょうか。やりたかったことはただひとつ、「秀吉を利用して出世すること」。だからこそ、後継ぎの秀次まで巻き込み、手の込んだ陰謀まで考え、実行したわけです。

手元にあるリソースをしっかり育てていれば、秀次か、その次の代ぐらいにはマニラ攻略も夢ではなかった。最悪でも秀次さえ生かしておけば、豊臣家は存続できた。秀吉は、本当に見る目がなかった……。

三成はそれほど危険人物だったからこそ家康に滅ぼされてしまいました。それは秀吉流の厳しい仕置きと対外戦争を完全否定する家康のメッセージです。

仕置きと朝鮮出兵に疲れ果てていた全国の大名はそれに拍手喝采しました。迫りくる帝国主義の脅威が増大していることも知らずに。

ところが、徳川幕府は秀吉の作った「石高制」を引き継いでしまいます。この石高制こそが、徳川幕府衰退の原因となり、２５０年越しに秀吉はリベンジを果たすことになります。詳しくは、拙書『経済で読み解く　明治維新』をお読みください。

結びに代えて　～「損得勘定」で国を守れ！

ひとつの「勝ちパターン」では、勝ち続けられない

「序章」が信長の話だったので、今回も秀吉は「最終章」まで出てこないのかと思っていた人！　残念でした‼　今回はいい意味で期待を裏切らせていただきました。「経済で読み解くシリーズ」四作目にして初めてタイトルと内容が一致した――、そんな気がします（笑）。

本作を書くにあたって、改めて室町時代末期から安土桃山時代にかけての、日本の経済政策と対外政策についてたくさんの文献を調べました。調べれば調べるほど、「学校の〝歴史の授業〟はいったい何だったのか？」という驚きの連続でした。

「キリシタン大名が大規模な神社仏閣の破壊をしていたこと」「イエズス会が日本を武力で侵攻することを当初から計画していたこと」「日本産の銀がこれほどまで世界経済を変えたこと」「全国各地で勝手な貨幣制度が行われていたこと」などなど、出

るわ、出るわ。

自分の国の歴史であるにもかかわらず、こんな重要なことをなぜ知らなかったのか！　この国の歴史教育は本当にどうかしている。毎回のことですが、今回も強くそう思いました。

なかでも一番驚いたのは、秀吉が天下を統一した後に、突然「ポンコツ化」してしまったことです。これだけは、歴史教科書の記述もあながち間違いではなかった。これもまた大きな驚きでした。

「朝鮮出兵」さえやらなければ、豊臣政権の天下は揺るぎませんでした。それをわざわざ全国の大名の恨みを買いつつ、後継者まで殺害して続けなければいけなかった理由は何だったのでしょう。そこまで明朝は悪逆非道だったのでしょうか？　それとも、秀吉は勝ち続ける快感に酔っていたのでしょうか？

本当の理由はわかりません。しかし、これは経済や国際政治においてはよくあることなのです。文中でもご紹介した、おそらくこれは「勝者の呪い」です。これまで勝ちパターンだったやり方が、ある条件が変わると突然負けパターンになる。秀吉は単にこれまでの勝ちパターンを繰り返したに過ぎなかったと思われます。

ゆえに、秀吉がポンコツに変わったのではなく、「彼の勝ちパターンがポンコツ化するような状況、条件の変化があった」という言い方がより正確ではないでしょうか。

現代の日本企業においても、為替レートが1ドル360円の時代と、1ドル100円時代では勝ちパターンが大きく変わります。そして、戦略を変えなければ儲かりません。今のように技術進歩が速く、経済の情勢も目まぐるしく変わる時代は、ひとつの勝ちパターンで勝てる期間も短くなっていると言われます。

情報収集の大切さ

秀吉はたった3年で天下統一を成し遂げ、まったくステージの違う対外戦争に打って出ました。それは当時の感覚としてはあり得ないほどのスピードでした。そして、秀吉は「征明」というとてつもない目標を掲げます。それは、後年の大英帝国、戦前の大日本帝国ですら達成できなかった高すぎる目標でした。

せっかく天下統一を果たしてもそれに満足せず、さらなる高い目標を掲げて邁進する。意識が高すぎる部活の先輩に振り回される後輩のように、大名たちは疲弊しました。全国大会で優勝したら、翌日から世界一を目指して猛練習——。まさにそんなノリだったのかもしれません。

もちろん、世界一を目指すのは悪いことではありません。しかし、それを目指すにはそれなりの準備が必要です。秀吉には情報が圧倒的に不足していました。「なぜポルトガルやスペインははるか彼方の本国から船に乗って日本まで来られるのか？」「彼らの経済はどのようなシステムになっているのか？」など船の構造から搭載している武器のスペックに至るまで、ありとあらゆる情報が不足していました。

ところが、秀吉は情報が不足しているという自覚がありませんでした。そして、軍事力のみならず、情報すら手持ちの範囲がすべてだと思い込んだ。そのため、明を陸上戦闘で打ち破ることにこだわりました。

おそらく、支那を国分して仕置きするという勝ちパターンを目指したのでしょう。それは結果として間違った前提から戦略を立案することにつながりました。そして、すべての軍事作戦は達成不能の目標に向けて立案されてしまったのです。その結果、実際の戦争において勝利条件は何度も変更され、最終的に作戦は失敗しました。

柔軟さを忘れてしまった秀吉

私はこの展開に、ある既視感を覚えました。それは、秀吉の死後約350年後に行われた「対米開戦」という誤った決断と敗戦です。手持ちの資料とリソースを使って、やれるだけのことをやる。そして、結果は知らない――。秀吉はそんな昭和の無責任官僚たちと何が違うのでしょうか。まさに、歴史は繰り返していたのだなと感じました。

秀吉は朝鮮出兵の最中に死んでしまいましたが、仮に東国勢の動員があったとしても征明はおろか、オフショア・コントロールですら危うい状態であったでしょう。なぜなら、日本の水軍は朝鮮半島南部沿岸の制海権を完全に掌握してなかったからです。個別の戦闘では勝利しても、結局ゲリラ攻撃が続けば駐留軍は消耗し、朝鮮半島の支配は進みません。

しかも、明と朝鮮と戦争状態が続けば、交易などできるはずもありません。何のために戦争しているのかまったくわからない状態です。

これに対して、秀吉の時代から約200年前に、足利義満は支那に頭を下げて「朝貢貿易（日明貿易）」を行いました。そのことを批判する人はいますが、私には秀吉よりはむしろずっと賢明な判断だった思われます。戦争は外交の延長であり、目的とする外交的な成果を得るための手段でしかありません。戦争以外の方法によってそれが達成できるのなら、そのほうがずっと「経済的」です。

秀吉は武家の棟梁に出世したことで、自分自身を「天に代わって、天の道を為す」という高い「格」に追い込んでしまったのかもしれません。逆に義満は、名を捨てて実を取る〝柔軟性〟があった。朝鮮出兵と日明貿易の差はそこから来ているのではないでしょうか。

信長の臣下として、勝つために手段を選ばず泥水でもすする――。あのころの柔軟な秀吉はどこかに消えてしまったようです。

小さなプライドが国を滅ぼす

大変残念なことに、現代の日本には秀吉よりもずっと小さい人間のくせにプライドだけは秀吉以上に高いというおかしな連中がいます。彼らは傷つきやすいので、義満のような行いには我慢ができません。

そして、むしろ晩年の秀吉的なアプローチこそが正しいのだと言います。彼らのプライドはアメリカによって傷つき、韓国によって傷つきます。そして、ことあるごとに、「対米自立」とか、「日韓断交」といったクソの役にも立たない強硬論を主張します。それが本当の脅威である支那の思う壺であることも知らずに。

彼らは単なる愚か者なのでしょうか？　いいえ、違います。なかには有名な大学の先生で本を何冊も書いているような人もいるからです。きっと、彼らはそれで国が滅んでもいいと思っているのでしょう。究極の「中二病」。世界が滅びても自分のプライドが大事なのです。

彼らは、ときに「右翼」と呼ばれますが、現実と乖離《かいり》した妄想の中に生きている点では「左翼」と変わりがありません。「対米自立」「日韓断交」は、「非武装中立」「殺すぐらいなら殺されよう」といった左翼の妄想と何が違うのでしょうか。

どちらも「思想のために死ぬ」という〝敗北主義〟であることに変わりなく、経済的には理解しがたい狂った考え方です。まったくもって「不経済」だと断言します。

「損得勘定」こそ命綱

秀吉について調べれば調べるほど、今の日本が抱えている様々な問題のヒントを見つけることができました。まさに歴史は繰り返します。二度と同じ失敗をしないために、私たちは「損得勘定」（経済学的思考）を忘れてはいけません。

損得勘定というと、金儲けに走ってとか言ってバカにしたり、蔑《さげす》んだりする人がいるかもしれませんが、相手にする必要はありません。損得勘定こそが、我々を現実につなぎとめてくれる命綱なのです。

損得勘定をバカにする人は勝手に妄想に生きればいい。実際にそういう人は歴史上みな敗北し、自滅しました。もし現代にそういう人がいるなら、他人を巻き込まず一人で死んでください。多くの日本人がそんな敗北主義者の妄想につき合う必要はありません。私たちは過去の失敗に学び、それを未来に生かす。それだけです。

私たちの祖先が皇室と共に作り上げた、世界で最も古い国、日本。この国を次の世代に引き継いでいくのが今を生きる日本人に課せられた使命です。

そのためには、戦国時代の武士のように泥水をすすっても生き延びる覚悟が必要です。平和な時代の「エア武士」のごとく、武士道を死ぬことに見つけるのは敗北主義であり、日本には不要な考えであると断言します。

そして、生き抜くための指針となるのが、まさに「損得勘定」なのです。

日本を、未来永劫《えいごう》子孫に伝えていくために、私たちは損得勘定をしっかり考え、現実から目を離してはいけないのです。秀吉の失敗に学び、それを繰り返さないために、この国を守るために。

平成三十年二月四日

経済評論家　上念 司

主要参考文献

『天下統一 信長と秀吉が成し遂げた「革命」』藤田達生（中公新書）
『秀吉と海賊大名 海から見た戦国終焉』藤田達生（中公新書）
『信長の天下布武への道』谷口克広（吉川弘文館）
『信長・秀吉と家臣たち』谷口克広（学研新書）
『信長と家康 清須同盟の実体』谷口克広（学研新書）
『信長と将軍義昭』谷口克広（中公新書）
『織田信長の外交』谷口克広（祥伝社新書）
『海から見た歴史』羽田正／編（東京大学出版会）
『永楽帝』寺田隆信（中公文庫）
『戦国期の貨幣と経済』川戸貴史（吉川弘文館）
『銭貨―前近代日本の貨幣と国家―「もの」から見る日本史』池享（青木書店）
『本願寺と天下人の50年戦争 信長・秀吉・家康との戦い』武田鏡村（学研新書）
『キリシタン時代の貿易と外交）』高瀬弘一郎（八木書店）

『キリシタンの世紀―ザビエル渡日から「鎖国」まで』高瀬弘一郎（岩波書店）
『戦争の日本史14　一向一揆と石山合戦』神田千里（吉川弘文館）
『宗教で読む戦国時代』神田千里（講談社選書メチエ）
『比叡山史―闘いと祈りの聖域』村山修一（東京美術）
『戦国仏教―中世社会と日蓮宗』湯浅治久（中公新書）
『日蓮宗と戦国京都』河内将芳（淡交社）
『〈上杉景勝と戦国時代〉天下人の真意とは？ 上杉景勝と二度の転封』宮本義己（歴史群像デジタルアーカイブス）
『文禄・慶長の役〈戦争の日本史16〉』中野等（吉川弘文館）
『経済で読み解く織田信長』上念司（KKベストセラーズ）
『経済で読み解く明治維新』上念司（KKベストセラーズ）
『江戸期三貨制度の萌芽―中世から近世への貨幣経済の連続性』西川裕一（日本銀行金融研究所／3金融研究／1999.9）
『朝鮮役における水軍編成について』三鬼清一郎（名古屋大学文学部二十周年記念論集）
『タイオワン（台湾）をめぐる17世紀の海外貿易』松竹秀雄（東南アジア研究年報31）

◎著者略歴

上念司（じょうねん・つかさ）

1969年、東京都生まれ。中央大学法学部法律学科卒業。在学中は創立1901年の弁論部・辞達学会に所属。日本長期信用銀行、臨海セミナーを経て独立。2007年、経済評論家・勝間和代と株式会社「監査と分析」を設立。取締役・共同パートナーに就任（現在は代表取締役）。2010年、米国イェール大学経済学部の浜田宏一教授に師事し、薫陶を受ける。金融、財政、外交、防衛問題に精通し、積極的な評論、著述活動を展開している。

著書に、『TOEICじゃない、必要なのは経済常識を身につけることだ!』（ワック）、『財務省と大新聞が隠す本当は世界一の日本経済』（講談社）、『経済で読み解く 大東亜戦争』『経済で読み解く 明治維新』『経済で読み解く 織田信長』（小社）他多数。

経済《けいざい》で読《よ》み解《と》く 豊臣秀吉《とよとみひでよし》

東《ひがし》アジアの貿易《ぼうえき》メカニズムを「貨幣制度《かへいせいど》」から検証《けんしょう》する

2018年3月30日　初版第1刷発行

著　者　上念司《じょうねんつかさ》
発行者　塚原浩和
発行所　KKベストセラーズ
〒170-8457
東京都豊島区南大塚2-29-7
電話 03-5976-9121
http://www.kk-bestsellers.com/

印刷所　錦明印刷株式会社
製本所　ナショナル製本協同組合
DTP　株式会社三協美術
装　幀　神長文夫+柏田幸子
図表制作　大熊真一（ロスタイム）

定価はカバーに表示してあります。
乱丁、落丁本がございましたら、お取り替えいたします。

ISBN 978-4-584-13857-1　C0095